开卷

如何阅读一本书 I

凤凰书品 编

梁文道 何亮亮 主讲

世界图书出版公司
西安·北京·广州·上海

目　录

像一块滚石

003　伟大在于掌握时代
　　　　——《像一块滚石：鲍勃·迪伦回忆录（第一卷）》

013　他不只是抗议歌手
　　　　——《地下鲍勃·迪伦与老美国》

022　艺术家为什么会有反常的晚期风格
　　　　——《论晚期风格——反常合道的音乐与文学》

031　破译视觉形象背后的密码
　　　　——《观看之道》

040　为什么现代人看画不再哭泣
　　　　——《绘画与眼泪》

046　艺术不是一个自律自主的独立王国
　　　　——《瞥见死神：艺术写作的一次试验》

美国梦为何不再诱人

057 奥巴马最崇敬的作家的后"9·11"小说
——《恐怖分子》

065 美国梦为何不再诱人
——《拉合尔茶馆的陌生人》

074 从一桩凶杀案重构一段历史
——《午夜北平:英国外交官女儿喋血北平的梦魇》

中国人与美国人的处世之道

087 国家越强盛，越不怕崇洋媚外
　　　　——《撒马尔罕的金桃：唐代舶来品研究》

092 名画里的全球化贸易
　　　　——《维梅尔的帽子：从一幅画看全球化贸易的兴起》

100 披着"探险家"外衣的强盗和间谍
　　　　——《丝绸之路上的外国魔鬼》

104 是中国还是外国，这是个问题
　　　　——《我者与他者：中国历史上的内外分际》

113 中国人与美国人的处世之道
　　　　——《天下与帝国：中美民族主体性比较研究》

拨开迷雾见杜甫

119 跟着顾随在诗词领域跑野马
　　　　——《中国古典诗词感发》
128 汉学家品评盛唐诗
　　　　——《盛唐诗》
136 拨开迷雾见杜甫
　　　　——《杜甫：中国最伟大的诗人》
145 爱国诗像爱情诗一样动人
　　　　——《叶嘉莹说杜甫诗》
152 日本汉学家异口读杜诗
　　　　——《读杜札记》

家屋，自我的一面镜子

159 城市功能分区问题丛生
　　　　——《美国大城市的死与生》

165 争议建筑往往成了经典之作
　　　　——《视觉冲击：美国文化中的艺术争议史》

171 贫民窟化的黑暗前景
　　　　——《布满贫民窟的星球》

176 大城市逼迫国家放权的时代
　　　　——《城市的世界：对地点的比较分析和历史分析》

182 把社区的设计权还于民
　　　　——《社区建筑：人民如何创造自我的环境》

187 居住环境可以读出一个人的心理状态
　　　　——《家屋，自我的一面镜子》

192 家居空间是个承载着物体和意识的容器
　　　　——《空间诗学》

谁偷走了我的记忆？

199 吸引人眼球的秘诀
　　　　——《粘住：为什么我们记住了这些，忘掉了那些？》

205 遗忘有时未必是坏事
　　　　——《谁偷走了我的记忆？》

214 失忆是记忆在除草
　　　　——《遗忘》

219 宽恕不等于忘记
　　　　——《人以什么理由来记忆》

228 集体记忆的生与死
　　　　——《社会如何记忆》

像一块滚石

鲍勃·迪伦大概是唯一被诺贝尔文学奖提名过几次的流行歌手，或者说是摇滚歌手、民谣歌手。因为他的歌词写得就像诗一样，而且是很好的诗，他真的写过诗，而且出版过诗集，他也画画，举办过画展，是个很全能的艺术家。大家平时就知道他的文学功力相当好，而2004年他出版自传《像一块滚石》，大家从中见识了他果然真的很会写。这本书出版后，不但登上《经济学人》《卫报》《纽约时报》等报刊的畅销书榜，还登上它们的年度十大好书榜，大家都很佩服他的写作能力和思辨能力。

这里有一点需要注意的是，因为鲍勃·迪伦用的英文很特别，就是看起来很简单，其实翻译起来不是有点难的，所以在翻译成中文时，我总觉得好像有点东西丢了，我并不是说翻译得不好。其实这本书的译者已经很用心了，虽然难免有些小错误，此如《Das Kapital》其实是《资本论》，却被译成《首都》。我们今天的教育有待改善啊，《资本论》的德文书名大家都不认得了。

⦿ 伟大在于掌握时代
——《像一块滚石：鲍勃·迪伦回忆录（第一卷）》

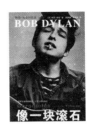

鲍勃·迪伦之所以那么重要和伟大，就是因为他唱歌不是在反映时代，而是要把握时代里一些大家还没感觉到的很细微的东西，然后把它们唱出来。他预先描画了未来一个可能的走向，到时候大家会觉得他说得太准了。

鲍勃·迪伦大概是唯一被诺贝尔文学奖提名过几次的流行歌手，或者说是摇滚歌手、民谣歌手。因为他的歌词写得就像诗一样，而且是很好的诗。事实上，他真的写过诗，还出版过诗集；他也画画，举办过画展，是个全能的艺术家。

大家早就知道他的文字功力相当好，在他2004年出版的自传《像一块滚石》中,大家见识了他果然真的很会写。这本书出版后,不但登上《经济学人》《卫报》《纽约时报》等报刊的畅销书榜,还登上它们的年度十大好书榜,大家都很佩服他的写作能力和思辨能力。

这里有一点需要注意的是,因为鲍勃·迪伦用的英文很特别,就是看起来很简单,其实翻译起来是有点难的,所以在翻译成中文时,我总觉得好像有点东西丢了。我并不是说翻译得不好,其实这本书的译者已经很用心了,虽然难免有些小错误,比如 *Das Kapital* 其实是《资本论》,却被译成《首都》。① 我们今天的教育有待改善啊,《资本论》的德文书名大家都不认得了。

《像一块滚石》是中文版的名字,原版书名叫 *Chronicles*,意思是"年谱"或者"纪年表"。我不太喜欢把 *Chronicles* 译成《像一块滚石》。当然,《像一块滚石》这个书名在市场上更容易被一般读者接受。

一个有趣的地方是,这本回忆录名为"年谱"或者"纪年表",你会以为它应该会按年份的顺序记述,但其实

---

① 编者注:文中介绍的《像一块滚石:鲍勃·迪伦回忆录(第一卷)》,是由徐振锋、吴宏凯合译的版本,2006年由江苏人民出版社推出首版,2015年改由河南大学出版社再版,将书名改为《编年史》,并对部分译文进行了修订,已将 *Das Kapital* 改译为《资本论》。

它不是，它采取的是很特别的结构，有时会跳来跳去，所选择的叙事方式有时甚至可以称得上很意识流。

无论如何，大家在这本我觉得还不算完美的中文版里也能读到很多东西。鲍勃·迪伦在书里描述自己刚出道时的情景时，提到自己一开始怎么样踏入乐坛，怎么样为自己改了一个艺名叫鲍勃·迪伦。当然，这个艺名后来成了他的名字，乃至于他的儿子雅各布·迪伦（也是个歌手）也用"迪伦"作为姓。书里也提到后来他遇到的很多挫折，包括观众对他的忽然放弃和辱骂，乃至于他出了车祸以后找不回唱歌的感觉，以及他后来怎么样艰难地再出新专辑，等等。

你如果对鲍勃·迪伦感兴趣，对音乐文化史感兴趣，那你不妨去看那些故事。如果你对这些不感兴趣的话，也可以看看他讲的其他东西。例如，他说："每个和我同时代出生的人都是新旧两个世界的一部分。"

为什么呢？因为像丘吉尔、斯大林、罗斯福，甚至包括希特勒、墨索里尼，这些后无来者的人物，他们都只依靠自己的决心，为了更好或者更坏，每个人都准备好单独行动，对他人的赞许无动于衷，对财富或爱情无动于衷，他们掌控着人类的命运，把世界碾成一堆碎石。能够跟他们相比的是什么人呢？就是像成吉思汗、恺撒、亚历山大、查理大帝、拿破仑这种人，想要以个人的力量征服世界。他认为二战前后就是一个分水岭。

鲍勃·迪伦尤其提到美国，说："美国在改变。我有一种命中注定的感觉，我正驾驭着这些改变。纽约和其他地方一样。我的意识也在改变，改变而且扩展。有一件事是肯定的，如果我想创作民谣，我就需要某种新的格式、某种不会被消耗掉的哲学认同。它必须是从外在世界中自发而来的。不需要用很多话来描述它，它正在开始发生。"Time is changing. 后来他就说到怎么样用民谣去掌握时代之间这种大变化的感觉，怎么样在这个变化里面把握到那些很微妙的性质，然后用自己的声音把它们唱出来。

这是很重要的一点。鲍勃·迪伦之所以那么重要和伟大，就是因为他唱歌不是在反映时代，而是要把握时代里一些大家还没感觉到的很细微的东西，然后把它们唱出来。他预先描画了未来一个可能的走向，到时候大家会觉得他说得太准了。他真的是在唱出时代，而不是在反映时代。

鲍勃·迪伦在书里提到他不喜欢一般的抗议歌曲，说它们很难避免说教和流于表面。他认为自己要是写这种抗议歌曲，也一定会写出一些不一样的角度来。

比如有一首很有名的抗议歌曲叫《乔·希尔》，这个人是美国工人运动中的一个英雄，而且还是个诗人，被冤枉地判处了死刑，大家都来歌颂他。但是，鲍勃·迪伦说如果让他来写乔·希尔的话，他要"写一个坟墓里的男人的心声，一首来自地下世界的歌"。

大家一般都会觉得乔·希尔是一个很政治化的人物，是一个英雄、烈士，但鲍勃·迪伦要写出他的另一面，说他是为了不让某个女人受辱而必须付出生命，因为他不能说出真相。这是一种很奇怪的选择，对不对？

可是，鲍勃·迪伦也不喜欢当时这些民谣抗议歌手所讨厌的流行音乐。他说这些流行音乐并没有真正体现这个时代双重的性格，这些每分钟45转的唱片做不到这一点。他说："我为出唱片而痛苦挣扎着，但我不会想出单曲唱片，45转的——那种在电台里播的歌……我的曲目里没有一首歌是给商业电台的。堕落的走私酒商，淹死亲生孩子的母亲，只开了五英里的凯迪拉克，洪水，工会大厅的火灾，河底的黑暗和尸体，我歌里的这些题材可不适合电台。我唱的民谣绝不轻松。它们并不友好或者成熟得甜美。"

这就是鲍勃·迪伦想要唱的歌，然后他又说道："我说不出是什么时候开始写歌的。要定义我感受世界的方式，除了我的民谣歌词，我找不到任何可以与之相比或者接近它一半的事物了……有时你听见一首歌，你的思想会跳出来，因为你看见了和你思考问题的方式相一致的模式。我从来不用'好'或'坏'来评价一首歌,只有不同种类的好歌。"

怎么样用歌曲去把握这个时代呢?他接下来就讲述了他怎么样寻找恰当的语言,去让那些看不见的境界或者隐形的世界现形,用民谣重新去表达这个世界。

说到语言这一点,我们知道鲍勃·迪伦是个很有文采的人,他读过很多书。他有段时间住在纽约,特别热衷读书,看了一大堆书。过去歌曲因为受制于黑胶唱片的格式,总是很短,流行歌曲通常仅有三分多钟,而从鲍勃·迪伦开始,要正反两面听才听得完的六分钟单曲唱片才真正出现。

他说:"我已经让自己打破思考短歌的习惯而开始阅读越来越长的诗,看看我是否能在读的时候记住什么。我就这样训练自己的思维,丢掉不好的习惯并学着让自己沉静下来。我读了拜伦的《唐璜》,从开始到结束都集中精神。同样还有柯尔律治的《忽必烈汗》。"

这很厉害对不对?我觉得作为一个好的歌手,除了读诗之外,去读些文学作品并不奇怪,但鲍勃·迪伦比较特别的是什么呢?他说:"我不能准确地用文字表达我的追求,但我开始从原则上搜索它,就在纽约公共图书馆里搜索。"他在里面搜索什么呢?他根据一些19世纪中期报纸的微缩胶卷,试图了解那时候的日常生活。他说:"我对当时的语言和修辞手法比对当时发生的事情更感兴趣。……读这些报纸时并不觉得它们描述的是另外一个世界,只是比现在的世界更有种急迫感。"

当时发生了什么事呢?比如说反禁酒、反赌博、上升的犯罪率、童工问题、一大堆谋杀案、集体暴动。对立双方信的是同一个上帝,引用同一部《圣经》、法律和文学经典。那个年代太古怪了,用来描述那个年代的语言也太有趣了。那些过去美国流行过而后来被录成唱片的民谣,所描述的难道不就是这样一个美国吗?这样的美国是今天很多中国读者在读林达①或者刘瑜②的时候都未必读得到的,那是一个很草根的,不会那么光辉灿烂的,没有那么干净明亮的,充满黑暗、疯狂、滑稽、搞笑的,一个很地下但是很真实的美国,一个在民谣里面复活的美国。鲍勃·迪伦还真的下过苦功去看那个年代的报纸,要找回那种感觉。

在这本书里,鲍勃·迪伦还提到他对20世纪60年代的

---

① 林达是美籍华人作家丁鸿富、李晓琳夫妇合用的笔名,曾出版过"近距离看美国"系列作品(《历史深处的忧虑》《总统是靠不住的》《我也有一个梦想》《如彗星划过夜空》),行销数十万册,被誉为"介绍美国最好的作者之一"。
② 刘瑜(1975—),清华大学社会科学学院政治学系副教授,专栏作家,2009年结集出版时政专栏集《民主的细节:当代美国政治观察》,被《南方周末》《新京报》、新浪网等媒体评为年度图书。

很多看法。那个年代总跟他的形象捆绑在一起,但是他说:"那些日子里发生的事情,所有那些文化上的胡言乱语,都令我的灵魂备受困扰——让我觉得恶心——民权和政治领袖被枪杀,街上垒起重重障碍,政府进行镇压,学生激进分子和游行示威者与警察和军队发生冲突——爆炸的街道,燃烧的怒火——反对派公社——撒谎扯淡,吵吵嚷嚷——无拘无束的性爱,反金钱制度的运动——这就是全部。"

鲍勃·迪伦说他决定不让自己涉足其中任何一件事,因为他是一个有家的男人,不想出现在那幅集体图景之中。而且,他强调要用不同的眼光去看每一样事物,就算报纸上有些骇人听闻的新闻,比如肯尼迪、马丁·路德·金被枪杀,他也并不将他们看成被枪杀的领袖,而是更多地想到他们的家庭失去了父亲,将会遭遇什么样的创伤。他想的是这样的事,真的不想跟那个年代捆绑起来。

但是,有一回在音乐节上,他出场时主持人介绍说:"他就在这儿……拿去吧,你们认识他,他是属于你们的。"他说这听起来多么疯狂,"据我所知,无论是过去还是现在,我都不属于任何人。我有妻子儿女,我爱他们胜过这世界上其他的一切。我竭尽全力为他们奉献,不让他们受到什么困扰,但最大的麻烦是媒体总想把我当成话筒、发言人,甚至是一代人的良心,这太可笑了。我所做过的就是唱歌，这些歌直截了当，表现了巨大的崭新现实。据说我替整整一代人发出了声音，但我和这代人基本没什么相似之处，更谈不上了解他们。"

鲍勃·迪伦还提到好朋友琼·贝兹当时录过一首关于他的抗议歌曲，要求他跟上时代，出来接受挑战，做群众的领袖。后来他又看到有一篇文章到处流传，标题叫作"代言人否认他是代言人"，讲大家怎么样期望他出来做领袖，怎么样期望他出来继续做好一个政治抗议歌手，带领社会运动、民主改革等。

但是，他拒绝这一切，同时他对名气很反感。比如他当时住在伍德斯托克，他说："我如果出现在院子里，一辆汽车可能会随时奔驰而来，有人从乘客的座位上跳下来，冲我指指点点，然后走开。"他坐在餐厅吃饭，有人会问收银员（那个人）是不是就是他，大家说就是他时，整个餐厅里的人就把他围绕起来，让他觉得不胜其烦。

这本书不止谈了这些，还谈到鲍勃·迪伦后来跟传奇的音乐监制丹尼尔·雷诺伊思怎么样合作，出了一张可能是过去二十年他最好的专辑——*Oh Mercy*。这些故事都非常精彩。如果你对音乐很感兴趣的话，你读这本书就能够看到鲍勃·迪伦对很多音乐人一些神奇的、好玩儿的评语。

（主讲　梁文道）

鲍勃·迪伦（Bob Dylan，1941— ），原名罗伯特·艾伦·齐默曼（Robert Allen Zimmerman），美国民谣摇滚唱作人，创作歌词时融入诗性表达，被誉为"摇滚诗人"。自20世纪60年代以来对流行音乐和美国文化产生了深刻影响，曾获得格莱美终身成就奖、普利策特别荣誉奖等诸多奖项，2016年获诺贝尔文学奖。

● 他不只是抗议歌手

——《地下鲍勃·迪伦与老美国》

他看不起那个年代很多人要他唱的,或者他们自己也在唱的那种政治性很强的抗议歌曲。这并不是说他没有写过这种歌曲,事实上他写过不少,而且还都非常有名,但他并不满足于此,他觉得这些音乐太简单了。

鲍勃·迪伦这个祖父级或者说是教父级的音乐人,他的名字总是跟20世纪60年代美国年轻人的运动捆绑在一起。那是一个反建制、反越战的嬉皮士运动的年代,而他的那些歌曲总是给人一种反建制、反权威的感觉。

鲍勃·迪伦所有音乐的基础,都建立在美国民谣的精神之上。而这样的精神要求他唱出的歌不仅仅是反映那个时代，还要进一步看看能不能预言一些东西，虽然那些预言未必很精准，但你能模模糊糊地掌握到什么东西。正如他的一句歌词所言："你知道有些事情正在发生，但你不知道是什么样的事情。"那是一种什么样的奇怪感觉呢？

格雷尔·马库斯真的是非常深爱鲍勃·迪伦，大概写过三本专门讲鲍勃·迪伦的书，其中包括这本《地下鲍勃·迪伦与老美国》。

马库斯其实是美国音乐评论家当中比较特殊的一位。因为他是一个学者型的乐评人，是个文化史学家，他写的乐评不仅很深入地捕捉到了一些音乐的细节，而且能够把美国流行音乐的很多东西放到整个美国文化的背景里去谈，然后谈出的很多东西只有用流行文化、流行音乐才能够承载，从而能够让大家注意到美国的另一面。所以，如果你对音乐很感兴趣，对音乐和文化的关系很感兴趣，尤其对美国的摇滚音乐及其文化背景很感兴趣，那你应该看一看他写的书。

《地下鲍勃·迪伦与老美国》提到了1965年秋天鲍勃·迪伦发行的《重访61号公路》这张专辑。马库斯说鲍勃·迪伦在演唱《瘦子之歌》时，"早就预料到了眼前的一切，什么也不能使他惊讶。他只在合唱的时候略微压低了声音，一再重复着这样的歌词——'你知道有些事情正在发生，但你不知道是什么样的事情'——在专辑中迪伦的这句歌词精确地把握了当时美国两代人在道德与种族上的分裂，人们不是以'自己是什么'来定义自己，而是以'自己不是什么'来定义自身"。

结果这句歌词很快就变成名言，就连很多商业广告都拿来用，告诉大家有些事情正在发生，比如大家都在开什么车，大家都在用什么冰箱，但你不知道那到底讲的是什么。一句歌词能够红到成了街头巷尾的广告语，足以见得它写得多精准，确实捕捉到那个时代的感觉。

说到时代的氛围，那到底是什么呢？我们知道20世纪60年代初以来，美国年轻人最喜欢的流行文化是民歌，用木吉他伴奏，配着很多歌手清纯的声音。直到今天，中国的很多音乐爱好者、电台还常常在晚上重温这些民歌，大家觉得这些歌听起来很舒服、很好听。但是，这些音乐其实并不应该只是让你觉得悦耳而已。

马库斯说："迪伦身处的文化氛围就是民谣复兴——一个民族传统的舞台，一种民族的隐喻，关乎自我发现与自我创新。一个歌手所追求的，乃至他的任务就是要接受人们表现出来的样子。这是精神的领地，歌曲、表演乃至歌手整个气质中的真实感是民谣中最受珍视的价值。"

这一点很重要。为什么那些民歌总让人听来有种怀旧的、温暖的感觉呢？并不是因为那些民歌都是20世纪60年代的老歌，我们今天听起来才觉得好像很怀旧，事实上当年那些歌手第一次在舞台上弹出他们创作的民谣时，大家就已经觉得很怀旧了。怀旧什么呢？一个神话般的、失落的遥远的年代。

那个年代的美国是什么样的呢？这本书里讲道："（民谣复兴运动）对整个民谣文化提出了罗曼蒂克的要求——它要求民谣文化诉诸于口，即时、尊重传统、有文采、有公共性，是一种有个性的文化，反映权利与义务，乃至信仰，它反对中间派、专家、非个人化、技术统治论文化。它是一种具备功能、职责与目标的文化。"

这样一种价值观是把乡村放在城市之上，把劳工放在资本之上，把天然而来的真诚放在后天的教育之上，把普通男女没有受到损害的尊严放在商人与政客之上，所以大家才会喜欢这种清新音乐。相比之下，一般的流行歌曲、电视广告、政客慷慨激昂的演说，都显得非常造作、无耻、虚伪，而民谣讲究的是真诚。

这样一种要求真诚的背景，是跟当年的政治运动结合在一起的。1963年夏天，美国文化界发生了两件大事：一件事是新港民谣音乐节，所有民谣歌手聚在一处，一起唱民谣歌曲；另一件事就是所谓的"向华盛顿进军"，马丁·路德·金牧师在华盛顿广场演讲"我有一个梦想"。在那个时代，好像大家都很有希望，团结在一起做一些事，这时鲍勃·迪伦横空出世。问题是，他只是那些芸芸民谣歌手当中的一个，为什么今天在中国还有很多乐迷不厌其烦地把他跟那个年代绑在一起，甚至于把他标记成一个抗议歌手，好像他就是要唱政治歌曲、要做政治表态的，但他真的只是这样吗？

我们知道鲍勃·迪伦在20世纪60年代中期以后把吉他插上电，把摇滚乐带进民谣里，结果惹来无数的抗议，大家都在臭骂他，觉得他彻底背叛了大家。很多人觉得他是一个很无耻的人，甚至在台下居然问他："你真的是那个鲍勃·迪伦吗？把真正的鲍勃·迪伦还给我们！"可见当时大家都不接受他。

这是为什么呢？马库斯告诉我们，民谣音乐是一个很特殊的世界，喜欢它的歌迷是一群很特殊的群体，他们认为摇滚乐是一种彻底商业化的、很媚俗的东西，觉得那是一种不好的东西，所以鲍勃·迪伦只要一沾上这个边，大家就觉得他背叛了他原来的理想，是很不正确的一件事情。可是，鲍勃·迪伦却认为自己创作的才是真正的民谣音乐。

为什么呢？《地下鲍勃·迪伦与老美国》从一个故事开始讲起，说20世纪60年代的时候，鲍勃·迪伦有几年隐居起来,跟他的"雄鹰"乐队在一个地下室里试验性地、瞎胡闹地录了一大堆东西,当时也没想过要发行,纯粹是他们自己玩儿的,后来却成了传奇性的歌曲。以前唱片工业里有一种东西叫Bootleg,年资够高的乐迷应该知道,就是指从录音室里不小心流到市面上的一些盗录的母带,或者在演唱会上有人偷偷地现场录音的音乐。鲍勃·迪伦的地下室音乐曾经是以这种形式存在的,后来因为流传得越来越厉害,终于被唱片公司拿来正式发行。

鲍勃·迪伦这堆音乐非常古怪。它们古怪在什么地方呢?马库斯追溯到一个曾经存在过的美国的幽灵。这个幽灵是什么呢?他提到了一套非常重要的唱片集叫作《美国民谣音乐选》,它在当年影响了美国几乎所有民谣歌手。这套音乐选集是一个29岁的名叫哈里·史密斯的年轻人制作的,这人很古怪,当年居无定所,后来死得也很古怪。

哈里·史密斯不晓得从哪里找来一堆20世纪20年代左右美国早期的唱片,里面有很多民谣,他也不管版权是谁的,反正唱片公司出版后就把它们遗忘了,他从中挑了几十首歌出来制作成三张唱片,每一张唱片都做了很多的笔记、附注,把它们介绍给后世的乐迷,让大家知道美国早期曾经有这样一些民谣的存在。当时很多年轻人听了以后就觉得我也能写民谣,或者是我也应该去写民谣才对。

这是一些什么样的歌曲呢？马库斯在书里引述了另一位学者的话，说这张专辑里有首歌叫《屠夫的男孩》，这首歌唱道："父亲找到女儿的尸体，上面挂着标签，铁路上的男孩虐待了她。"还有另外一首歌里唱道："妻子和母亲跟随木匠去了海上，船沉时便为婴儿哀悼。""华丽的女人引诱着孩子离开玩伴，又伤害了他，让他只能回去找父母亲。"

一位名叫约翰·科恩的学者说："现在，我觉得这些歌词很恐怖——听上去非常有力量、疯狂，而且有几分滑稽，但如果你严肃地看待这些民间传说讲述者们以及他们写下的东西，就会感觉它们是孩子们的歌谣，它们是浩瀚的篇章，它们是从中世纪的古代英国遗留下来的，它们是伟大的传统歌谣。"

这是什么意思呢？大家知道很多童话故事曾经是很可怕的，比如《小红帽》的故事在原来法国流行的最早版本里，其实并没有提到那个女孩戴一顶小红帽，而且大灰狼不仅杀了她的外婆，还把她外婆的肉切成一片片，把她外婆的血倒出来放在瓶子里，等她来了以后，让她在不知情的情况下吃了外婆的肉，喝了外婆的血，还成功地让她把自己全身的衣服脱光上床，好让狼把她吃了。像这样一些非常可怕的故事，过去居然是大人们在火炉边讲给孩子听的。这些故事仿佛在诉说正史上那些英雄、帝王将相所看不到的平民百姓的历史。

同样地,美国这些民谣听起来滑稽又疯狂,古怪又神奇。怎么会有这样一些歌曲呢?而这些歌曲曾经在美国大为流行,它们到底想讲出一个什么样的现实呢?马库斯说,从这些歌里听到这个国家肯定还发生过另外一些事情。鲍勃·迪伦就是在这样一个背景下,对这些歌曲深深着迷,觉得他要创作出一些不一样的音乐。但是,对于跟他同时代受到这些歌曲影响的人来说,他要创作的反而是更传统的音乐。

关于民谣是什么,鲍勃·迪伦说:"所有对'民谣是什么'以及'民谣应当是什么样子'的权威描述,如果单纯易懂地表述的话,那就是:民谣音乐其实是唯一不单纯的音乐。它永远不会简单而又单纯。这很奇怪……因为我从来没有写过任何费解的东西,在我自己的头脑里从未构思过费解的东西,很多古老的歌曲其实也并不费解。"可是他接着又说:"我必须把这些歌曲当作传统音乐,一种植根在六芒星之上的传统音乐。它来自传奇、《圣经》与瘟疫,在植物与死亡之间循环。很多歌都歌唱玫瑰从人们的头脑中生长出来,爱人们从家鹅或者天鹅变成了天使——她们永生不死。至于那些幻想人们会闯进来偷走他们手纸的妄想狂们——他们却是会死的。《你站在哪一边》和《我爱你波吉》并不是民谣歌曲：它们是政治歌曲，它们已经死了。"

鲍勃·迪伦想讲的是什么呢？其实就是他看不起那个年代很多人要他唱的，或者他们自己也在唱的那种政治性很强的抗议歌曲。这并不是说他没有写过这种歌曲，事实上他写过不少，而且还都非常有名，但他并不满足于此，他觉得这些音乐太简单了。相比之下，民谣也是一种更复杂的东西，不止它的音乐形式，它所用的乐器是属于美国民间老百姓的乡土传统，而且它的那种神秘感也是乡土的。

这就让我们联想到今天中国如果也要有一个民谣复兴运动的话，我们会唱出一种什么样的民谣呢？

（主讲　梁文道）

格雷尔·马库斯（Greil Marcus，1945— ），美国乐评人、文化研究者、作家，出版过《祸不单行》《死者猫王》《唇迹》《神秘列车》等畅销不衰的音乐文化作品，另著有 *Like a Rolling Stone: Bob Dylan at the Crossroads* 和 *Bob Dylan by Greil Marcus: Writings 1968–2010*。他被誉为对鲍勃·迪伦研究最透彻、观点最权威的乐评人。

◉ 艺术家为什么会有反常的晚期风格

——《论晚期风格——反常合道的音乐与文学》

> 艺术家的晚期风格是一种自己强加给自己的放逐,离开普遍被人接受的境地,又在它结束后继续生命。

从建筑到音乐,从文学到哲学思想,我们在看文化史的时候,常常会用一种生物性的或者是生理性的比喻来看各种思潮与风格的演变史。比如一种新文体刚刚出现的时候,我们会形容它是如何朴素、刚健,然后它越来越成熟,进入黄金时期,后来它变得过度璀璨和绚烂而流俗,最后非常华丽地衰萎了、老化了。譬如一讲到诗,我们会说中国早期的《诗经》是多么的纯朴动人,后来如何发展到唐宋的极盛,到了晚清又如何走向衰落。

同样地，我们看一个艺术家的作品时，也常常会把他的创作历程跟他的一生画上等号。我们常常会说一个作家或艺术家的处女作是非常新鲜的，非常有爆炸力，好像他要把压了十几年的青春火光绽放出来，然后到了中年阶段，他逐渐追求成熟。中国人一般会强调一个大作家或艺术家到了晚年的时候，会进入一个非常圆熟的化境。中国人特别推崇这个境界。

到底一个艺术家晚年的风格是什么样的呢？这是我一向相当着迷的事情，后来我就发现了《论晚期风格》这本书。其实，应该说这是一本文集，虽然它所谈论的内容有统一的主题，但它并不能算是一本完整的书。它是著名文化史学家、文学评论家爱德华·萨义德的遗著集，他自己来不及整理就去世了，也有人猜测他从一开始就没想过要构筑一个很圆融、系统的体系。

这本书有两个中文译本——简体中文版和台湾繁体中文版。因为这本书涉及的艺术家、音乐和风格相当多，所以翻译是个难题。我特别推荐彭淮栋[①]先生的这个译本，因为他不仅懂音乐，懂德文，英文好，而且中文很好。中

---

① 彭淮栋，台湾新竹人，毕业于东海大学外文系，台湾大学外文研究所肄业，曾任出版公司编辑。译有爱德华·萨义德的《乡关何处》《音乐的极境》等书。

文好和翻译有关系吗？有。比如这本书的英文副标题是"*Music and Literature Against the Grain*"，大陆版正经八百地译成"反本质的音乐与文学"，但是彭淮栋先生引用苏东坡诗里讲到的"反常合道"，把它译成"反常合道的音乐与文学"，更贴近萨义德的原意。所以我常常说要译好一本外文书，首先你要中文好。

这本书的编辑麦可·伍德在导论里说了一段很精彩的话。他先引用了大作家贝克特的一句话："死亡不曾要求我们空出一天来给它。"言下之意是死亡从来不跟人约时间，我们在忙碌之际一样可能辞世。不过，死亡有时候的确在等候我们，而且我们可能深切感受到它在等待我们。这个时候，时间的性质改变了，像光的改变，因为当下彻底被别的季节的阴影笼罩：复活而来的或渐退渐远的过去，忽然变得难以度量的未来，无法想象的、时间外的时间。在这些时刻里，我们产生了一种特殊的晚期意识，也就是这本书的主题。

当一个艺术家意识到自己正迈向老年，艺术创作的时间不多，而之前取得成就的东西已经树立在那里，好像难以超越的时候，他的艺术风格会变成什么样呢？彭淮栋先生在译者序里说道，中国传统文学里的诗论，向来贵"圆",自沈约引谢朓①语"好诗流美圆转如弹丸",历世奉为圭臬。传统文论也喜欢说老的好处,比如说杜工部的诗"少而锐,壮而肆,老而严"。句中的"严"这个字,意思含藏于老杜自道而论杜者无不乐引的"晚节渐于诗律细"。所以,诗要越老越圆,这是中国人追求的一个境界。中国传统的译文论也有个特色,就是尊晚,老而更陈。晚的主要特征是圆,就是苍浑,也就是浑然天成,早年那种刻意的雕琢都不见了,变得越来越自然,越来越成熟,也就是所谓的入化境了。

这是我们对晚期风格一般的理解,而萨义德是怎么看这个问题的呢?早在中国人熟悉的《东方学》这部书之前,他就提出过一个足以让他名世的重要观念,那就是"开始"。他早年写过一本书叫《开始:意图与方法》(*Beginnings: Intention and Method*)。他所讲的"开始"不同于我们讲的"起源"。比如我们会说浪漫主义风格起源于某个时代、某个作家、某个地区,好像这个东西真的就像个孩子一样,会在确定的时间、地点出生。而萨义德想告诉我们,所有这些起源只是个神话,所谓一种文学风格或一个作品的由来,并不是真的像我们以为的那样有一个像

---

① 沈约与谢朓同为南朝诗人,共倡以讲究四声、避免八病、强调声韵格律为特征的永明体诗风,对近体诗的形成有重大的影响。

孩子诞生般的物理现实的起源，所有这些起源其实都只是开始。

所谓"开始"，往往是我们后来回顾的时候创作出来的，是人为的、过后的一个臆想。假如将来有一天我要回顾《开卷八分钟》这个节目是怎么来的，我会说它是从哪一天哪一刻开播的，而当我要追溯它为什么起源于那一刻，我就要给它一个说法，那个说法就叫作"开始"，而那个说法一定跟我当时的一个意图有关。比如我要说这个节目全是老板英明的决定，我带着这么一个讨好老板的意图去解释它的时候，跟我要说这个节目全是我梁文道匠心独运想出来的时候，也许我就会说出一个不一样的所谓开始的时间、地点和状况。

同样地，我们看艺术家的晚期风格也是如此。到底什么叫作"晚"呢？"晚"的特色在哪里呢？这依赖于人的意图，依赖于旁观者、评论者甚至是艺术家本身怎么样去感应人生的晚期，也就是人生将要走到终末状态的时候，他的感觉是什么，他的判断是什么。所以"晚"和"开始"一样，都是一种后来臆想出的东西。

中国人一般认为一个艺术家的晚期是他创作风格最成熟的时期，其创作应该是一辈子的集大成。的确，我们在人类历史上看过很多类似的作品，比如莎士比亚晚年的剧作《暴风雨》变得那么平和而超脱。但是，萨义德所谈论的却是一种截然不同的晚期风格，比如他说有些晚期艺术并非表现为和谐与解决，而是冥顽不化、难解，还有未解决的矛盾。

例如易卜生对中国人的影响很深，但他的最后几部作品尤其是《当我们死人醒来时》，却撕碎了这个艺术家的生涯和记忆。他重新去追寻意义、成功、进步等问题，而这些照理说在一个艺术家的晚期应该是已经超越了的。他的最后一批剧作完全没有呈现问题已获解决的境界，却呈现出一个愤怒、烦忧的艺术家形象，戏剧这个媒介提供给他的机会搅起了更多焦虑，将圆融收尾的可能性打破，无可挽回，留下一群更困惑和不安的观众。

更明显的一个例子是这本书大谈特谈的贝多芬。萨义德受德国思想大师阿多诺[①]解读贝多芬晚期作品的启发写了这本书，我们能从中看到他深受阿多诺的影响。我们知道贝多芬的艺术在中期已经非常圆融统一，每一首钢琴奏鸣曲或者是室内乐、弦乐四重奏、交响曲，都有一种沛然

---

① 西奥多·阿多诺（Theodor W. Adorno，1903—1969），德国哲学家、美学家、社会学家，法兰克福学派的代表人物之一。早年学过作曲、钢琴演奏和音乐学，其音乐批判理论颇具特色，出版过《新音乐哲学》《音乐形象》等多部著作。

莫之能御的能量贯穿其中，把一切结合得非常漂亮且完美。但是，他的晚期作品中却出现大量非常晦涩难解的复音，好像是心情烦乱，每每极不经意而且不断重复，比如《第三十一号钢琴奏鸣曲》开头的主旋律，空间的配置就非常尴尬，颤音过后，伴奏部分那种学生习作似的、近乎笨拙的重复音型居然出现了，那完全不是他的作品该有的东西。所以阿多诺说，贝多芬晚期的作品是过程而不是发展，像是两极之间着火，不再容许任何安全的中间地带和自发的和谐。

这件事情为什么说很怪呢？第一，在贝多芬还是个年轻作曲家的时候，他的作品是元气旺盛的有机整体，到了晚年却变得任性不定、古怪反常。第二，贝多芬年纪渐长，但他面对死亡的时候，领悟到他的作品没有任何的综合表明也是可以设想的。贝多芬的晚期作品是阴阳怪气的，传达的是一种悲剧感：人生终极的和谐和人生的意义是不可能获得的，这个世界的完整是一种幻象，这个世界的实像就像他的晚期音乐是这么不和谐，这么充满张力，这么古怪，这么突兀，就像死亡会忽然到来一样。

萨义德进一步延伸说，艺术家的晚期风格是一种自己强加给自己的放逐，离开普遍被人接受的境地，又在它结束后继续生命。因此，他和阿多诺都认为晚年的贝多芬是伟大的、了不起的，但也是灾难性的。这让我想起很多人谈到的张爱玲小说的晚期风格。张爱玲早期的小说已经达到一个地步，让大家觉得这个少女怎么已经如此苍老，而当她真的老了的时候会写出什么样的小说呢？结果是《小团圆》，让大家觉得非常突兀，都说太奇怪了，她的小说的技巧像是倒退了。这种风格就是萨义德所谈到的晚期风格的特征之一。

晚期风格还有一点很重要，我觉得就是萨义德与阿多诺真正区隔开来的地方。萨义德关注的不仅是艺术家晚年面对人生将要终结时的那种反叛，那种拒绝统一和获得赎救，他还注意到晚期风格包含有一种特殊的不合时宜。什么叫"不合时宜"呢？例如萨义德推崇而阿多诺贬斥的理查德·施特劳斯，他早年是非常前卫、进步的，但是到了晚年，他居然写出一些完全传统的甚至是甜美的音乐，比如《玫瑰骑士》，而且甜美和谐到一种完全逆潮流的程度，当时的音乐口味早就不再是那样了。这就叫作不合时宜，是一种刻意的晚到，刻意的老化。

萨义德还说，文学上的现代主义本身可以视为一种晚期风格的现象。在某个层次上，乔伊斯和艾略特之类的艺术家，似乎完全坐落在他们的时代之外，他们返回古代神话或者古代形式，向史诗或者古代宗教仪式寻求灵感。现代主义是吊诡的,与其说它是求新的运动,不如说是个老化与结束的运动。借用哈代小说里的一句话,这叫作"老年化装成少年"。

萨义德这段话非常简单,却非常精准地描述了文学上的现代主义。艾略特喜欢回想一个田园牧歌式的世界,而乔伊斯要向《伊利亚特》致敬,这都是一种怀乡症忽然出现,非常老的灵魂裹着一个前卫、大胆、创新的外衣出现。

(主讲 梁文道)

爱德华·萨义德(Edward W. Said,台版译名为艾德华·萨依德,1935—2003),出生于耶路撒冷,美国著名文学与文化批评家。从普林斯顿大学毕业后,在哈佛大学获得硕士和博士学位,1963年起任教于哥伦比亚大学。著有《东方学》《文化与帝国主义》等作品。

◉ 破译视觉形象背后的密码
——《观看之道》

我们看东西其实是有一套观看之道，不是只用生理上的肉眼去看那么简单，背后还有一些文化的假设、社会的背景甚至是经济的基础在起作用。

平常在电视上看到像《开卷八分钟》之类的文化、艺术节目，我们一般会觉得它们只是一种科普工具，向普通观众普及一些文化、艺术方面的知识或资讯。这种说法有一个假设是，电视是世界上最通俗的一种大众媒体，观众如果在上面看到了什么文化节目，也不会觉得自己是在看一本书。但是，还有另一种可能性是，我们可以把电视节目当成一种开发新领域、探索新知识的工具，就像学者去写一本书、艺术家去画一幅画一样。

20世纪70年代,英国BBC就拍过一部非常有名的谈艺术的电视片,影响力非常巨大,被认为是一部划时代的电视片。这部电视片叫《观看之道》(*Ways of Seeing*),里面那个有点嬉皮士模样的主持人就是约翰·伯格。他可以说是英语世界里最有影响力的艺术评论家之一,同时又是一个身份比较复杂的人,又画画,又写诗,又写小说,而且写的小说备受好评,还获过英国布克奖。

当年他对我们这些文艺青年来说,简直是一个英雄般的存在,我们很喜欢他写作的灵感和锐利的观察。这本《观看之道》正是由那部电视片改编而成的书,里面提出了一些非常有趣的想法,至今仍是很多学校必用的教科书。我以前在香港理工大学设计学院教书的时候,也常常叫学生把这本书当作必读的参考书。

这本书的第一段话是:"观看先于言语。儿童先观看,后辨认,再说话。"我们从中看到约翰·伯格对视觉的重视,他认为观看比言语还重要。然后他提到我们看东西其实是有一套观看之道,不是只用生理上的肉眼去看那么简单,背后还有一些文化的假设、社会的背景甚至是经济的基础在起作用。

约翰·伯格说:"每一个影像都体现一种观看方法。一张照片也如是。因为照片并非如一般人认为的是一种机械性的记录。每次我们观看一张照片,可以多少觉察到摄影师是从无数可供选择的景观中,挑选了眼前这个角度。即使在随意拍摄的家庭快照中,也是如此。"

我们作为观者,虽然也有很多的自由去选择这些视觉性的作品,但事实上我们并不是完全自由的。因为"影像作为艺术品展出时,人们观赏的方式会受一整套有关艺术的旧有看法的影响"。这些看法涉及什么呢?比如美、真理、天才、文明、形式、地位、品位等。约翰·伯格说,其中很多看法完全不适用于世界本身,它们既与当今格格不入,又使过去模糊不清,非但不能起澄清作用,反而造成神秘感。

约翰·伯格被普遍认为是个马克思主义者,非常左倾、激进——他反对之前艺术史的所有说法。我们过去总觉得艺术史就是由无数个天才大画家的名单所组成的,而我们在看那些艺术品的时候也会发现一些亘古不变的永恒的价值,比如里面所体现出来的天才、品位、构图等。但是,这些东西恰恰是约翰·伯格当年所反对的。他认为这些东西只起到了把艺术神秘化的作用,阻碍了我们用真实的方法去看待视觉作品。

那么,到底什么叫真实的方法呢?现代艺术跟过去最不一样的地方在于以前我们想看一幅大师的名作,需要到博物馆去看，而现在我们在看到《蒙娜丽莎》的真迹之前，就已经在网上看过它的图片了。也就是说，一个艺术品的复制品现在到处都是。那么，原作还有什么意义呢？约翰·伯格说，现在原作作为一个艺术品，唯一的价值就是它的市场价格，所以我们就会夸大这个原作跟复制品之间的区别。并不是说复制品跟原作没有任何区别，复制技巧再高也仍然会有些许失真，但问题是为了夸大这个区别，我们就会赋予原作过多的神秘感，而其实真正想达到的目的是抬高它的市场价格，让人膜拜，把它当成圣物来看待。

约翰·伯格说："现代的复制手段摧毁了艺术的权威性，将它从一切收藏处搬开，或者更妥帖地说，将它们自己复制的形象统统搬出收藏处。"虽然原作在市场上仍然有价值，但在艺术上，它似乎已经没有意义了。但我们同时需要注意，视觉形象被大量复制的时候，其实就给了很多人利用它的机会，它出现在画册、广告或者电影里，所产生的作用和效果是不一样的。

那么，我们到底想赋予这些视觉性的东西一种什么样的意义呢？约翰·伯格认为，任何时代的艺术都是为统治阶级的意识形态和利益服务的。比如现在五颜六色的广告就跟以前的油画一样，过去是为了让收藏家觉得拥有油画就像拥有了油画里的东西，而我们现在看广告也是希望得到广告里所展示的人生。所以说，所有的影像都跟某种欲望甚至权力有关。问题是，很多欲望或权力是透过视觉形象表达出来的，而它们常常会被一些很高级、很唯美的语言包装。

约翰·伯格想做的就是去揭穿这些虚假的、审美的、泛滥的语言的表象，例如他在这本书里很关注的女人形象问题。他说一般而言，女人"生而为女性，命中注定在分配给她的有限空间内，身不由己地领受男性的照料。女性以其机敏灵巧，生活在这样有限的空间之中和监护底下，结果培养了她们的社会气质。女性将自己一分为二，作为换取这份气质的代价。女人必须不断地注视自己，几乎无时不与自己的个人形象连在一起。当她穿过房间或为丧父而悲哭之际，也未能忘怀自己行走或恸哭的姿态。从孩提时代开始，她就被教导和劝诫应该不时观察自己"。

而男性也是"先观察女性，才决定如何对待她们。结果，女性在男性面前的形象，决定了她所受的待遇。为了多少控制这一过程，女性必须生来具有这种控制能力，并使它深入内心。女性本身以'观察者'的部分对待'被观察者'的部分，以向旁人表明，别人可以如何对待她"。

约翰·伯格在这里谈到西方艺术史上历久弥新的一个

主题——裸像,而他显然是要挑战过去的说法。在西方艺术史上,特别是 15 世纪的油画史上,我们看到的裸像很少是男人,绝大部分是女性。过去有个非常有名的艺术史家叫肯尼斯·克拉克[①],他说过裸体和裸像是不一样的。把衣服脱光这叫裸体,而裸像虽然也是个裸体,但你会感觉到它好像还穿着衣服,是一种特别的使用和展示裸体的方式。人脱光衣服不一定很好看,但是脱光之后把身体的姿态、动作、表情乃至眼神摆成某个样子,这个天然的裸体就升华为艺术层面的裸像了。

约翰·伯格说所谓的裸像,其实无非就是把女人当作被男人看的物件,甚至是当成用来满足性欲的物件。过去我们总是说西方艺术史上的裸女画想表达什么,但约翰·伯格提出一个很大胆的说法:其实说到底,裸女画里的女人只不过是用来满足男人的性欲,而且男人不仅把裸女当成物品那样去占有她,同时还要贬低她。这就跟我们今天浏览黄色网站差不多。

---

① 肯尼斯·克拉克(Kenneth Clark,1903—1983),英国艺术史家、美学家、作家。毕业于牛津大学三一学院,30 岁时成为英国国家美术馆有史以来最年轻的馆长,1969 年以 BBC 著名电视纪录片《文明》(*Civilisation*)的编剧、制片人、主持人身份享誉世界。著有《艺术与文明》《裸体艺术》等作品。

很多人画裸女时都喜欢让她对着一面镜子看，而这面镜子在传统艺术史上的解读就是要表明女性的虚荣，因为她非常在意自己长得好不好看，所以她老拿着镜子对着自己瞧。约翰·伯格说："你画裸女，因为你爱看她。你在她手中放一面镜子，称之为虚荣。于是，你一方面从描绘她的裸体上得到满足，另一方面却在道德上谴责她。"这就使得男性观者不仅占有了她的形象，还要在道德上比她高出一等。

我们现在来看两幅非常有名的根据同一母题画成的裸体画。一幅画里的男人是作为观者的角度在看这个女人，而这个女人似乎也是在展示给男人看的，但约翰·伯格注意到她的脸的角度摆得不对。大部分裸体画里的女人的脸或眼神不是面向画里其他的角色，而是正面对着观众，似乎在说明我是画给你看的，我是属于你的。直到后来，我们看到马奈①这幅画才有一点挑战性，因为画中观看裸女的那个男人变成一个女人了。

约翰·伯格说："在欧洲的裸像艺术中，画家、观赏者、收藏者通常是男性，而画作中的模特往往是女性。这不平等的关系深深植根于我们的文化中，以至于构成众多女性

---

① 爱德华·马奈（Édouard Manet，1832—1883），法国画家。他被认为是印象主义画派的奠基人。

的讨好心理。她们以男性对待她们的方式来对待自己。她们像男性般审视自己的女性气质。"这也就说明了为什么到现在还有那么多搞选美的人。约翰·伯格指出:"观看女性的基本模式与女性形象的基本用途仍无变更。描绘女性与描绘男性的方式是大相径庭的,这并非因为男女气质有别,而是'理想'的观赏者通常是男人,而女人的形象则是用来讨好男人的。"

约翰·伯格还把传统绘画的主题与现代广告并置在一起,发现它们有很多相似之处,虽然有些广告不是整体地呈现一个女人的形象,而是局部地表现女人身上诱惑人的部位,比如一双修长的玉腿,一个半嘟的嘴唇在舔着一个冰棍……现在我们身边的广告里充斥着类似的形象。约翰·伯格认为,从这个意义上说,今天的广告真的是过去传统油画的继承人,起码在对待女人这一点上,他们干的是一码事。约翰·伯格这样来看艺术,难怪他会惹起那么大的争议,那么多传统的艺术史家责骂他把政治观点带入纯洁、高尚、唯美的艺术之中。

(主讲 梁文道)

约翰·伯格（John Berger，1926—2017），英国著名艺术评论家、画家、小说家、诗人。著有《看》《另一种讲述的方式》《我们在此相遇》等作品，小说《G.》获得1972年英国布克奖及詹姆斯·泰特·布莱克纪念奖，2008年凭借小说 *From A to X* 再度获得布克奖提名。

⦿ 为什么现代人看画不再哭泣

——《绘画与眼泪》

> 就像本雅明所说的,我们早在看到名画之前就已经看过太多次复制品了,我们对绘画的理性知识的了解太丰富了,对技巧的掌握太圆满了,以至于我们看到画时失去了一种本然的天真的感动能力,于是再也不会掉眼泪了。

我们看电影和电视剧有时候会哭,甚至有人看照片也会哭,但是有没有人看画时会哭呢?恐怕这种经验不是每个人都有,甚至可以说有过的人是异类。于是有一位学者对这个问题感到好奇:为什么我们看画不会哭呢?但他考掘下去却发现,人类并不是自古以来都这么冷漠,以前有些人看画时竟然会哭到瘫倒在地。

那么问题就来了，为什么我们现代人面对画再也没有这种哭泣的能力了？于是就有了这么一本书：《绘画与眼泪》，作者是詹姆斯·埃尔金斯。他是美国非常有名的一位艺术史家，目前在芝加哥艺术学院教书。这是美国非常有名的一所艺术学院，他在学院教艺术评论。最近十几年来，他写了很多引导人们去欣赏和思考艺术的书；同时，他自己也在反省一些艺术欣赏方面甚至艺术史上的根本问题，这本书就是一个好例子。

这本书的开头很有趣，介绍了20世纪60年代非常有名的美国大画家马克·罗斯科①为一座教堂画的画，那座教堂因他的画而闻名，后来就叫罗斯科教堂。

马克·罗斯科的画很有意思，就是大块大块的颜色，有时候甚至整幅画就是单色的。比如他为那座教堂画的十四幅画都是黑色的，你这么一路看下去，会以为那只是一片尺寸非常巨大的刷在墙壁上的油漆。特别好玩儿的地方是，马克·罗斯科的画很符合那个年代美国抽象艺术的特色，让人觉得他好像就是要强调一种平面性的

---

① 马克·罗斯科（Mark Rothko，1903—1970），美国抽象表现主义画家，于20世纪40年代末开创色域绘画风格，以简单的绘画语言表达复杂的思想和情绪。1970年2月25日，在纽约曼哈顿的工作室割腕自杀。

东西，强调形象和色块，但他其实不是，他的笔触常常牵动着人们的感情。这就出现一个矛盾，而整本书的讨论就从这里开始。

我们发现从二十世纪五六十年代开始，当代的艺术评论越来越冷漠，越来越理论化，而且越来越技术性，大家不太愿意再去谈艺术里面让人感动的那个部分。比如马克·罗斯科的画，让很多艺术史家、艺术评论家感到尴尬的地方是，他们很想把他归类在那个年代跟他相似的美国抽象派画家群里，却发现很难做到，因为他老是说他的画里有某种宗教经验，他在画的时候会哭，而很多人也说看他的画时会哭。宗教经验、私人情绪的激烈表达乃至流下眼泪，这些都不是现代艺术评论家所喜欢的东西。

詹姆斯·埃尔金斯就开始问了，为什么我们现在对眼泪感到这么不爽？于是他写了一些信去问世界各地各样的人有没有看画哭泣的经验，结果收到四百多封来信，内容说什么的都有。比如有些人说，他哭是因为走进艺术馆后发现自己根本看不懂。也有些人说，一些画的主题让他想起自己的遭遇，于是就哭了。这可以归类为有一些个人的情感记忆被画的主题唤了出来。

还有更多的人值得注意，他们说不知道自己为什么会流下眼泪。有一种让人流泪的状态是，好像感觉到这幅画里有一种很宏大的东西突然展现于他的眼前。按照古代的说法,那叫作神圣感,或是跟宗教相关的东西。有时候则相反,不是因为这幅画的内容太丰满、太巨大从而压垮了他的感官,而是因为它太空洞,好像在画一些消失掉的东西,那种空洞太恐怖了,使得他流下惊悚、震栗之泪。

当然,有这种经验的人非常少,更多的人是什么反应呢?詹姆斯·埃尔金斯说,很多艺术史家同行的回信表示他们好像都把看画流泪这件事情当成一桩丑闻。20世纪最有名的艺术史大师贡布里希[①]也回信说他从来没有看画流泪过,还引述了艺术史上最有名的画家达·芬奇的一句话,说看画是不该流泪的。

这就进入本书讨论的重点了。我们今天所说的看画不该流泪,这是文艺复兴开始的一个特色。文艺复兴时期特别强调人要更理智,认为艺术欣赏是不该让人流泪的。但是在文艺复兴之前很长的时间里,甚至文艺复兴之后的一段时间里,欣赏艺术时流泪是很正常的。古希腊人看悲剧的时候,台上演员一哭,台下观众就跟着哭了,即使到了

[①] E. H. 贡布里希(Sir Ernst Hans Josef Gombrich,1909—2001),英国艺术史家,艺术史、艺术心理学和艺术哲学领域的大师级人物。著有《艺术的故事》《艺术与错觉——图画再现的心理学研究》《偏爱原始性——西方艺术和文学中的趣味史》等作品。

最理性的启蒙时代,他们也照样哭,而且哭得很厉害。

我现在请大家看一幅画。用今天的角度来看,这幅画是很难让你哭出来的。它的作者是现代艺术史家们比较瞧不起的一个画家,名叫让-巴蒂斯特·格勒兹①。他画的是一位在哀悼她死去鸟儿的少女,我们只觉得她甜美、煽情、造作,但是当年狄德罗②在写画评时是边写边哭的。以前甚至有天主教的圣女看到一幅宗教画不但哭了,而且整个下半身都瘫痪了。

这样一种艺术体验,我们今天不再熟悉了。这本书就是想追寻这种体验到底是怎么回事。我们现代人是不是读书太多了?就像本雅明③所说的,我们早在看到名画之前就已经看过太多次复制品了,我们对绘画的理性知识的了

---

① 让-巴蒂斯特·格勒兹(Jean-Baptiste Greuze,1725—1805),法国画家,擅长风俗画和肖像画。有些作品的内容像是戏剧场景,意在激起人们的善良和同情之心,当时有评论家称之为"情景剧"。
② 德尼·狄德罗(Denis Diderot,1713—1784),法国哲学家、艺术评论家、作家。除主编法国《百科全书》之外,还撰写了《哲学思想录》《对自然的解释》《拉摩的侄儿》等大量著作,其中为《文学通讯》撰写的画展报道被汇编成《塞纳河畔的沙龙:狄德罗论绘画》一书。
③ 瓦尔特·本雅明(Walter Benjamin,1892—1940),德国思想家、哲学家、文学评论家。著有《机械复制时代的艺术作品》《单行道》等作品。

解太丰富了，对技巧的掌握太圆满了，以至于我们看到画时失去了一种本然的天真的感动能力，于是再也不会掉眼泪了。这是好事还是坏事呢？我不知道。就连詹姆斯·埃尔金斯也说，他本人看画从来没有哭过。

（主讲　梁文道）

詹姆斯·埃尔金斯（James Elkins，1955—），美国艺术史家、艺术评论家。1977年毕业于康奈尔大学，后获得芝加哥大学硕士学位和荣誉博士学位，现任职于芝加哥艺术学院艺术史论与批评系。著有《视觉研究：怀疑式导读》《视觉品味：如何用你的眼睛》等作品。

● 艺术不是一个自律自主的独立王国
——《瞥见死神：艺术写作的一次试验》

> 艺术其实也是一种政治行为，甚至是反抗性的，哪怕它只是一种很弱的反应性的反抗，但仍然弥足珍贵。

看一幅画的时候，到底我们该投注多少时间、精神和注意力在上面呢？一些大师级的名作珍藏在世界各地的博物馆、艺术馆里，我们常常看到很多游客排着队，有时候甚至由导游摇着小旗带进去看，通常大家就在围栏前对着画拍拍照，然后就走开了。这么看画，你会不会觉得就像是到此一游，跟到法国的埃菲尔铁塔、中国的万里长城一样拍个照就算了呢？

其实，真正要欣赏一些杰出的艺术作品时，所投入的时间和注意力可能超出你的想象。那么，当你这么全身心地投入时，你到底在看什么呢？你又能看出什么呢？有一个绝佳的示范就是 T. J. 克拉克的这本《瞥见死神》，英文书的原名叫 *The Sight of Death*。

T. J. 克拉克是一位赫赫有名的艺术史家，是当代艺术史研究领域的大师级人物。他是一个左派知识分子，很坚定地持马克思主义立场。《瞥见死神》是他比较晚的一本书，跟他过去绝大多数严肃的学术题材著作不一样，比较像日记体，是对两幅画进行观赏的日记，难怪它的副标题叫 "*An Experiment in Art Writing*"（艺术写作的一次试验）。但你不要以为它是像一些法国学者那样的实验性写作，其实他写得还是相当正经的，只不过不是那么严格规整的艺术史写作罢了。

T. J. 克拉克是位英国学者，后来到美国哈佛大学、加州大学伯克莱分校教过书。他最重要的著作是《现代生活的画像：马奈及其追随者艺术中的巴黎》，当年一出版就被认为是一部划时代的经典。

这本书的重要性在什么地方呢？过去我们讲艺术史，一般是从人物到人物，从风格到风格，几乎把它们与社会割裂开来，直到艺术社会史研究的出现，才把艺术史与社会史、经济史、政治史做了一个很详细的联结，往往要谈到艺术家生活在一个什么样的环境里，他怎么样去迎合当时的人对艺术的某些预期，他与经纪人、赞助者、宫廷、观众或者买家之间又处在一种什么样的社会关系网络里，然后把艺术家的这一面跟他的作品连接起来。

T. J. 克拉克比较特别的地方在于，他不像过去我们认为的马克思主义学者那样机械化简单化地说某个艺术作品在某个社会阶段就反映了某种生产模式和生产力关系，他要谈的是一些艺术家怎么样既借用了当时社会上政治的、经济的、文化的种种预期条件，又试图在作品里挑拨或者主动去回应这些预期，而这种困难的交互关系又是怎样形成的。这是他几十年来所取得的、很值得大家尊重和注意的一项成就。

2000 年 1 月初，T. J. 克拉克来到位于洛杉矶的盖蒂研究所。这是一个很有名的文化艺术研究中心。这里的博物馆也是很有名的建筑物，也很出色。T. J. 克拉克来这里做一个短期的访学研究，然后在盖蒂博物馆看到了法国大画家普桑①的两幅杰作，一幅是《宁静的风景》(*Landscape with a Clam*)，另一幅则是从伦敦的英国国家美术馆暂借来

---

① 尼古拉斯·普桑（Nicolas Poussin，1594—1665），17 世纪法国古典主义绘画的奠基人，以古希腊、罗马时代的艺术为典范，作品大多取材于神话、历史和宗教故事，讲究精确的素描和完美的构图。

的《画有被蛇咬死的男人的风景》(*Landscape with a Man Killed by a Snake*)。后来他就着迷般反复去看这两幅画,越看越深,越看越能看出门道,越看越能看出问题,并且把整个观看、思索、困惑、研究的过程都记录下来,然后整理成《瞥见死神》一书。也就是说,这本两百多页的书其实就只讲这两幅画。对于不熟悉西方艺术史的人来说,可能连普桑是谁都不知道,这本书好像很没意思,那我就来讲讲里面有意思的地方。

这两幅画到底有什么迷人之处呢?《宁静的风景》其实很少有人知道,而《画有被蛇咬死的男人的风景》却很有名。这幅画真的挺迷人,是一幅很漂亮的风景图,有普桑那种典型的均衡的色彩和构图,当然也有很多的细节。

你仔细看的话,这幅画里最重要的就是有一条巨大的黑色蟒蛇,它咬死了一个人,把他缠绕住,仿佛跟那具尸体化为一体。画里有一个人看到这幅景象,觉得太过恐怖要逃跑,但他就像我们一样忍不住回头去看那个场景。那么问题就来了,这条又美丽又恐怖的蛇杀死了一个人的场景可怕得让我们想躲避,但我们为什么又总是忍不住被这种有点美丽的残酷、恐怖的景象吸引住而无法走开呢?顺着这个问题问下去,你大概就能在这幅画前待上半年时间,天天研究和做笔记了。

我们知道 T. J. 克拉克是一个左翼知识分子，他除了搞艺术史的研究之外，还参与了很多实际的政治行动，并且做了大量的政治评论和理论的讨论。比如在写这本书的几乎同一时期内，他还和另外几个左翼知识分子于2005年出版了一本书叫《受折磨的权力：新的战争时代下的资本与景观》(*Afflicted Powers: Capital and Spectacle in a New Age of War*)，正面谈论了当代社会格局下的政治环境。

这两本书好像完全是风马牛不相及，但其实并非如此。艺术真的有自律性吗？过去有一种想法认为艺术好像应该有一个独立的领域，脱离于政治之外。但是，T. J. 克拉克过去几十年的工作推翻了这种想法，告诉大家这两个领域绝对是相关的。

但是，现在 T. J. 克拉克又面临另一个问题：有时候会不会政治谈得太多了，而把艺术吞没了？比如普桑的政治立场，T. J. 克拉克说得很清楚，他完全不赞同。不赞同到了什么地步呢？20世纪60年代在英国的时候，他曾经幻想要是发生革命了，他就要冲进博物馆把《画有被蛇咬死的男人的风景》毁灭掉——作为革命的一个象征。但是，他现在为什么又那么着迷于普桑的两幅画作呢？这是不是一种政治不正确呢？假如你认为是的话，那就表明你果然是我们这个时代的人，看一个人时总是先看他的立场。以前老人家喜欢教训我们不要因人废言。

但这还不是重点，重点是假如我们带着很多的成见去看艺术作品时，我们是不是真的能够穷尽它的一切呢？图像的语言是不是真的能够被我们用文字完全分析和翻译出来呢？假如是的话，图像世界还有什么理由存在呢？《瞥见死神》这本书好玩儿的地方就在于它用了两百多页试图告诉我们，无论你用多少语言和理论，用多少学者的眼光和研究的功底去分析这两幅画，你好像都没办法完全洞悉那个最吸引人、最神秘的核心。

这是不是表明艺术果真有一种超脱外在世界的影响，进入一个独立的自律自主的世界的可能呢？T. J. 克拉克有一个很有趣的说法是，我们今天这个时代"已渐渐被一些虚假观念包围，比如图画属于这个世界，是与世界的合作产物以及'完全'属于某种图像体制之类的。这里'完全'的意思就是它的每一寸华丽在实践中都是为意识形态服务的"。

他认为，本来图像的语言与可言说的讲述之间的距离感是一个很有针对性的东西，但在今天这个到处泛滥着标语、标签、推销和小型销售主题的世界，这种距离感又表现出一种抵抗的可能性。

这是什么意思呢？看看今天我们身边所有的影像，其实都是在售卖很多东西给大家。这些与其说是自律自主的影像，不如说是在为文造图，都是为服务于某种意识形态、经济利益、政治利益而诞生出来的。图像世界的确应该跟饱含意识形态的文字语言所讲述的世界保持一个距离，只是这个距离越缩越短了。

T. J. 克拉克到底想说什么呢？就是我们要去把握住这个距离，甚至把它看成是一种具有政治力量的东西。艺术其实也是一种政治行为，甚至是反抗性的，哪怕它只是一种很弱的反应性的反抗，但仍然弥足珍贵。

T. J. 克拉克说："在这样的环境中，图像所可能承载的批评性思考的行为展现，也就成了一种政治性行为了。"这句话有点复杂。简单来说就是当你面对艺术作品，觉得有什么东西你很难用言语去穷尽的时候，就说明现在这个饱含意识形态的言语世界出现了一道裂缝，出现了另一种可能，出现了一个反抗我们固有思维的机会了。从这个角度来看，对一幅画进行最纯粹的视觉分析，居然也有某种广义上的政治性。

（主讲 梁文道）

T. J. 克拉克（Timothy James Clark，1943— ），英国艺术史家，经常以马克思主义者自居。1964年以优异成绩毕业于剑桥大学圣约翰学院，1973年获得伦敦大学考陶尔德艺术研究院美术史博士学位，同年出版两部以博士论文为基础的艺术史著作而一举成名。另著有《现代生活的画像：马奈及其追随者艺术中的巴黎》等作品。

美国梦为何不再诱人

约翰·厄普代克小说的风格是什么呢？以"兔子四部曲"为例，我们在这个小说系列里看到大量的性描写和通奸，以至于有人称之为"通奸小说"。他想写的是美国东部一些中产阶级的无聊生活。他是美国最著名的一种代表人物，对这种人物的勾画、描绘和深入的狂热。他过去擅长描写衰败的、无聊的、琐碎的美国中产阶级，但这回他在《恐怖分子》里换了一个题材，写一个在美国出生长大的有埃及血统的年轻人为什么要变成恐怖分子。

这部小说的男主角艾哈迈德是个中学生。毕业后当了卡车司机。这个年轻人高高瘦瘦的，永远穿着白衬衫，身上带着一股非常严肃的味道，有着宗教方面的狂热。虽然他住在美国，妈妈是个爱尔兰裔美国人，他身上有一半金发血统，但是他立志要做好一个信仰者。这个男孩变成这样似乎是有理由的，约翰·厄普代克在这里用了一个比较偷懒的做法，把他的父亲塑造成一个不在场的父亲。他是跟着妈妈长大

● 奥巴马最崇敬的作家的后"9·11"小说

——《恐怖分子》

> 他知道自己正在被利用,但他接受了这种利用,因为它从他体内激发出神圣的潜质。

本·拉登一死,大家自然又想起"9·11"以来世界所发生的变化。有人认为"9·11"改变了全世界,也有人认为这种说法太夸张了,它只是美国人一种自大的表述而已。其实,这两种说法都不无道理。

在"9·11"之前,由恐怖分子制造的袭击事件就已经无日无之、到处都有了,之后这样的趋势也不见得就会减缓,甚至说不定会更加剧烈。从这个角度来看,可以说"9·11"并没有改变世界什么。但是,从另一个角度来说,"9·11"又的确改变了世界。因为美国人觉得世界被改变了,而当美国人觉得他们的命运被改变之后，世界就会变得很可怕。为什么呢？美国在"9·11"之后发动了两场战争，在全世界带起一种恐怖的气氛。在"9·11"之前，大家坐飞机时有今天这么紧张吗？从这点就可以看到世界的确被改变了。

在这个世界被改变后的十多年里，很多小说家很自然地想去掌握这种时代环境和气氛，甚至去追问里面潜藏的很多问题。就拿"9·11"来说，这件事本身就像戏剧一样太不真实了。两幢大楼被飞机撞击而倒塌，如此具有象征意味，又像稚拙的行为艺术。这自然吸引了很多作家的目光，要去理解它，要去诠释它，要对它投入创意、想象力和精力，还有严肃的道德追问。

过去十多年出现了大量专以"9·11"之后产生的各种各样的问题为题材的小说，可以称之为后"9·11"小说。世界各国这类小说的数量加起来的话，说不定能装满好几个大书柜了。有一些比较主流的作家也纷纷参与其中，各自选取一个角度来切入。比如很有名的英国作家麦克尤恩[①]，

[①] 伊恩·麦克尤恩（Ian McEwan，1948— ），被公认为英国的"国民作家"。1975年出版短篇小说集《最初的爱情，最后的仪式》后一举成名，迄今已出版《阿姆斯特丹》《赎罪》等十几部既畅销又获好评的小说，2005年出版的长篇小说《星期六》属于后"9·11"小说。

就写过"9·11"恐怖袭击的幸存者活在什么样的状态里,这些受害者的生活是怎样被改变的。

也有人试着走得更远一点,想进入恐怖分子的内心,追问他们为什么做得出这样的事情。要走这冒险的一步的作家也为数不少,其中有像萨尔曼·拉什迪[①]这样的名家。但是,要做到这一点非常不容易,因为作家本人并不是恐怖分子。这时候他们就得利用小说家最大的一个武器了,那就是想象力。

有社会学家、政治学家、人类学家等各式各样的专家学者给我们分析恐怖分子的蜕变过程,但那些冷冰冰、硬邦邦的资料或研究好像欠缺一种说服力。那种说服力是来自一种感性的、同情的理解,而这可以来自小说家的创造想象。但是不知道为什么,迄今为止,在我阅读过的有限的这类小说里,还没有看过一本非常出色的、让人完全信服的小说,包括美国文学大师约翰·厄普代克的这本遗作——《恐怖分子》。

约翰·厄普代克曾经被认为是诺贝尔文学奖的大热门

---

① 萨尔曼·拉什迪爵士(Sir Ahmad Salman Rushdie,1947—),又译萨曼·鲁西迪,印度裔英国作家。出生于印度孟买一个穆斯林家庭,但从小不信教,被父亲视为逆子。著有《午夜之子》《佛罗伦萨的神女》等作品。

之一，可惜已经去世了。他在美国是家喻户晓的作家，不仅写小说，还写了很多散文。比起他的小说，我更喜欢看他的散文，尤其是他的艺术评论。他曾是《纽约客》常年的专栏作家，发表的那些艺术评论都非常内行精到。不过，他的小说在美国更受欢迎。比如这本《恐怖分子》，连美国前总统奥巴马都有句话——"约翰·厄普代克是我最崇敬的作家"——被拿来当广告语了。

约翰·厄普代克小说的风格是什么呢？以"兔子四部曲"为例，我们在这个小说系列里看到大量的性的描写和通奸，以至于有人称之为"通奸小说"。他想写的是美国东部一些中产阶级的无聊生活，他们是美国最著名的一类代表人物。对这类人物的勾画、描绘和深入的批判，他是有意而为之的。他过去擅长描写衰败的、无聊的、琐碎的美国中产阶级，但这回他在《恐怖分子》里换了一个题材，写了一个在美国出生长大的有埃及血统的年轻人为什么会成为恐怖分子。

这部小说的男主角艾哈迈德是个中学生，毕业后当了卡车司机。这个年轻人高高瘦瘦的，永远穿着白衬衫，身上带着一股非常严肃的味道，有着宗教方面的狂热。虽然他住在美国，妈妈是个爱尔兰裔美国人，他身上有一半美国血统，但是他立志要做好一个信仰者。这个男孩变成这样似乎是有理由的，约翰·厄普代克在这里用了一种比较俗气的做法，把他的父亲塑造成一个不在场的父亲，他是跟着妈妈长大的，就像是为了找到那位埃及的父亲一样找到了他的信仰，然后从他的信仰出发去批判美国社会。

艾哈迈德认为美国是一个人欲横流、非常堕落、失去信仰的社会，而这样的社会恰恰是约翰·厄普代克过去最擅长写的主题，现在只不过选择用另一种眼光来批判这个腐朽的美国中产阶级社会。在一个激进的教徒看来，这是一个没有信仰的社会。

那么，到底什么叫作信仰或者没有信仰呢？两者之间的中断又是怎么回事呢？我觉得这本书最精彩的一个片段是，艾哈迈德喜欢一个叫约丽琳的黑人女孩，她家应该是浸信会的成员，有一次他受邀去教堂看她唱圣诗。

艾哈迈德在浸信会的教堂里感到非常不舒服不自在，冷漠地观察着这些异教徒是怎么歌颂上帝的。他眼中的异教徒传教士用一种带演讲腔的嗓音宣告："他们没有信仰。所以他们是群邪恶的人。所以古犹太人遭受了瘟疫、耻辱和失败的战斗。亚伯拉罕，这一族的先父，拿起刀想献出自己仅有的儿子以撒时怀着信仰。鲸鱼肚子里的约拿怀着信仰。狮子坑里的但以理怀着信仰。十字架上的耶稣怀着信仰。"这个传教士就这么一直说下去，说到美国社会是如何失去了信仰,而基督教本来要求大家的就是要有最忠坚的信仰。这时候连艾哈迈德听了都忍不住动容,因为他本来就在批判美国社会是一个没有信仰的社会,没想到美国的牧师也在讲一模一样的话。

小说里面还有一个角色是艾哈迈德的中学辅导员利维,他想办法鼓励这个年轻人向上,但他自己的生活也很不堪。利维正在迈向老年,家里有个肥胖的老婆,她晚上睡觉打呼噜,每天吃着微波炉加热的食品,看着电视,过着一种无聊的日子。利维是个犹太人,但他也失去了信仰。他们每天看的电视娱乐节目,只是用来掩盖无神论者内心绝望的面具而已。我们再看一看艾哈迈德的妈妈,她是个画家,性生活很随便,甚至勾搭上了关心她儿子的利维老师。她还跟一些年纪跟她儿子一般大的年轻人上床,其中不乏儿子的朋友。对这些年轻人来说,艾哈迈德的母亲就是个能够跟他们上床的母亲。这些都是过去约翰·厄普代克最擅长写的。

艾哈迈德后来终于如愿以偿不用再念书了,他不去念大学,跑去当卡车司机。他天天做祈祷,非常虔诚。他在市郊一个破旧的房屋里接受一个激进宗教长老的教导,终于慢慢把自己训练成一个要执行任务的恐怖分子,开着装有炸药的卡车要去炸一个地方。他知道自己正在被利用,但他接受了这种利用,因为它激发出了他体内神圣的潜质。他对导师说:"不,这个任务是我的,虽然我感觉自己在其中也就是一只卑微的虫子。"

约翰·厄普代克在小说中试图描写一个恐怖分子执行任务前最后一刹那的心理。他写到艾哈迈德要上路执行任务时,在一阵阵恐惧感与一阵阵兴奋感的间隙,某种简单的感觉确实占据了他的心灵,然后再全部崩溃,回到那种想要结束一切的急不可耐的心态中。

最荒谬的地方在于小说的结局。为什么这个任务最后执行不了呢?因为艾哈迈德在半路上看到跟他妈妈上过床的利维,这个老师知道他要干什么,想去阻止他,但最后真正阻止他的其实是前面一辆汽车的后排有两个小孩一直在跟他挥手微笑,那么他很自然的反应就是也向人家挥手微笑,然后莫名其妙地驶过了本该摁下按钮制造爆炸案的那个地点,他也就不执行任务了,把车子慢慢驶向不晓得是曼哈顿哪个地方就算了。像这样有小孩冲你笑,你也跟着笑,你就不忍心炸他,这不就是凡俗社会的要求吗?一个充满日常礼节的行为,最后竟让一个教徒停止了他的激进行动,看到这里你就会发现这本小说写得一点都不可信。

小说不一定都要可信,问题是约翰·厄普代克采用的是一种非常现实主义的写法，而我们却看不到艾哈迈德当初为什么会走上这条路，他痛恨美国的什么，他的那些理由又是从哪里来的。约翰·厄普代克抽走了这些关键的东西，带着我们直接跳跃进一个已经预备成为恐怖分子的年轻人的心中，却没让我们看见他心理变化的过程，而那才是最重要，也是我们最想看见的。从这个角度来说，这本小说其实是个失败的尝试。

（主讲　梁文道）

约翰·厄普代克（John Updike，1932—2009），美国作家、诗人。哈佛大学英文系优秀毕业生，一生发表了大量体裁多样的作品，曾获普利策小说奖、美国国家图书奖、欧·亨利奖等诸多奖项。著有数十部作品，最著名的代表作是小说系列"兔子四部曲"(《兔子，跑吧》《兔子归来》《兔子富了》《兔子歇了》)。

⦿ 美国梦为何不再诱人

——《拉合尔茶馆的陌生人》

　　它不是关注一个恐怖分子是怎么成形的，而是让我们看到一个原来拥有美国梦的人怎么样逐渐远离了美国梦，怎么样逐渐脱离了美国社会，然后回到他的家乡，变成一个激进的反美分子。

本·拉登死的时候，是被发现在巴基斯坦一个城市的热闹街区里，而且就在一所军校附近，旁边住着很多退休将军。所以巴基斯坦就遭到很多人怀疑和指责，尤其是美国人，觉得他们过去是不是在窝藏本·拉登，或者至少政府里面有内应。这么多年以来，美国一直对巴基斯坦施加了非常大的压力，但问题是在外界对巴基斯坦投以这么多的怀疑目光时，美国人有没有想过巴基斯坦人的感受呢？

巴基斯坦人又是怎么看待这一切的呢?

莫辛·哈米德是一个非常出色的年轻作者。他本人就是巴基斯坦人,在巴基斯坦第二大城市拉合尔出生,后来到美国普林斯顿大学主修公共与国际事务,又从哈佛法学院获得博士学位,曾在纽约曼哈顿一家管理咨询公司担任管理顾问。这看起来是一段非常辉煌完美的经历,然而这个天之骄子更为人所知的一个身份是小说家。

莫辛·哈米德的处女作《蛾烟》,我也读过。那是他在2000年还不到30岁时出版的一本小说,备受好评。那本小说好看的地方在于,它让我们看到巴基斯坦社会的一面,同时也让我们知道巴基斯坦人的恐惧和希望。比如我注意到一点是巴基斯坦对印度的恐惧,而这种恐惧也贯穿到了《拉合尔茶馆的陌生人》这部小说里。

巴基斯坦人发现"9·11"之后美国人对他们很不满,觉得他们跟阿富汗人是同一类人,两国的恐怖分子互相跑来跑去。于是,美国人好像在纵容印度对巴基斯坦采取行动,而巴基斯坦虽然有核武器,但他们其实一直都很害怕这个面积广大的邻国。这一切都是一般美国人不会注意到的,所以莫辛·哈米德要把它写出来,让他的美国读者知道。

这部小说的主题跟约翰·厄普代克的《恐怖分子》相似,他们都想探究什么样的人会做恐怖分子,解析他们的心理状态。不过，莫辛·哈米德要谈的并不是一个执行过任何恐怖任务的恐怖分子，而是要讨论一个人为什么会那么憎恨美国社会。小说原名并不叫《拉合尔茶馆的陌生人》，叫作 *The Reluctant Fundamentalist*，意思是一个犹豫无奈的基本教义派。在这部小说中，"基本教义派"是一语双关。

小说男主角是一个背景跟作者很相似的巴基斯坦年轻人，以至于有人认为这是一部自传，但其实不是，作者只是用自己熟悉的材料虚构出了一个人物。男主角出生于拉合尔，后来跑到美国念书，在顶尖的常春藤名校普林斯顿大学以最优等的成绩毕业后，进入了华尔街一家很出色的公司。这家公司专门帮人估值，比如有人想收购某家公司，就帮他准确评估其盈利前景如何，然后提出种种建议。

这家评估公司要做的就是把握住一家公司最基本的素质，所以书名中的"Fundamentalist"一词有一层意思是指这种美式资本主义的本质，主要就看能不能赚到钱，少讲什么社会责任，那都是虚的，要看本质的东西。来自巴基斯坦的这个精英分子就进了这么一家公司，要学的就是当这样一个资本主义的原教旨主义者，相信某些最基本的价值，据此来帮客户做明确的抉择和投资，比如把被收购公司多余的部门裁撤掉，不管那些员工的死活，只留下最赚钱的东西就够了。

"Fundamentalist"的另一层意思就是我们平常所讲的宗教意义上的基本教义派,而这正是本书男主角的另一面。这个年轻人在美国赚了那么多的钱,在一个能够俯瞰整个纽约市的大办公楼里上班,出差坐头等舱,在生活上获得了巨大的成就,前途一片光明美好,可是"9·11"事件的发生改变了他的一切。因为他的样子就告诉人家他不是金发碧眼的白种美国人,而且他后来还留了胡子,在外人看来,巴基斯坦人跟阿富汗人在长相上没有太大区别。后来他变得痛恨美国,丢下一切回到巴基斯坦,在大学里教书,成为一个激进的反美人士,指导学生如何成为激进派。

这部小说奇妙的地方在于,它的整个结构是对话体,基本上就是男主角的独白。它好像是想让读者看到,男主角在拉合尔街头一间茶馆碰到一个从美国来的人,此人身份不明,有点像是美国特工,然后他跟这个奇怪的人展开了一场漫长的对话,把自己一生的故事在一个晚上说完。小说最后有一个悬疑的结尾:这个从未开口说话的美国人到底是什么人?他是不是要来对付男主角呢?这部小说虽然非常短小,但是作者花了很长时间来经营它,写得相当出色。

中国有不少海归,其中留美的人大概最多。在这些留美的海归中,有很多人在美国念过非常好的学校,也在美国工作过，干着非常体面的职业，后来回到中国。其中有一些人我觉得特别有趣，他们在美国取得那么大的成就，得到那么多的好处，有着那么高的社会地位，却非常讨厌美国，也很讨厌美国人。我接触过一位非常有名的学者，他从美国归来，现在在中国著名的大学任教，他就告诉过我美国没有一个人是好人。这到底是怎么回事呢？莫辛·哈米德就是想告诉我们这种人的内心是什么样的。

男主角是这部小说的第一人称叙事者，曾提到当年他跑去菲律宾马尼拉帮一家公司估值，在街上有时候会觉得很迷茫，有一次印象特别深刻。他说："我跟同事们一起坐在豪华轿车里，遇到了塞车，陷在车海里动弹不得。我朝窗外望去，发现就在离我们只有几英尺远的地方，一个吉普尼司机正在瞪着我看。在他的表情中有一种毫不掩饰的敌意。我不明白究竟原因为何。我们以前从来没有见过——对此我几乎可以百分百地肯定——而在几分钟之后我们很有可能就此再也见不到对方了。但他的厌恶之情是那么明显、那么切身，以至于穿透了我的皮肤。"

男主角试图去理解这个司机为什么会做出这样的举动，心想他是不是刚死了老婆，或者他是不喜欢美国人，最后他终于发现那是因为他跟自己一样有一种"第三世界的敏感性"。他说："后来，我的一个同事问了我一个问题，当我转身回答他时,一件奇怪的事情发生了。我望着他——望着他的金发碧眼,还有,最要紧的是他一头扑在我们琐细的工作中那副浑然忘我的样子——心想,'你太外国了'。"也就是说,尽管男主角在美国主流社会混得那么成功,各方面已经完全美国化,但当他看到那些白人同事时,某一刹那仍然会觉得他们太外国了,也就是太美国了。

我们再来看小说里一个关键的段落。男主角说:"按照计划,第二天晚上就是我们在马尼拉住的最后一个晚上。我在自己房间里,正在收拾东西。我打开了电视,出现的画面乍看之下让我以为是一部电影。但接着看下去,我就意识到这不是假的,而是真实的新闻。一座,接着是另一座,我眼看着纽约世贸中心的双塔轰然倒下。然后,我笑了起来。对,这听上去很卑鄙,但我的第一反应确实是感到很开心。"好奇怪啊,他就在美国华尔街工作,怎么会有这样的反应呢?

男主角说自己也有同情心,"但在当时,我的思绪还没有集中到那些被攻击的受害者们身上——电视上的死亡最打动我的是电视剧里那些虚构的死亡,发生在那些我看了很多集后对他们产生了感情的角色身上——不,吸引我注意的是整件事的象征意义:有人用如此明显的方式让美国弯下了膝盖"。

然后，他对那个坐在对面一直默不作声的美国人说："啊，看来我让您越来越觉得不舒服了。我当然能够理解，听另一个人幸灾乐祸地谈论自己祖国的不幸是多么令人难以忍受的一件事情。但我肯定您自己身上也并非全无这种感觉。这些天电视上经常都可以看到美国的炸弹把你们敌人的建筑炸成废墟的录像短片，您看到这些镜头的时候难道没有感受到快乐吗？"

小说有一条主要的副线是男主角跟一个美国女孩谈恋爱，那个女孩的出身很好，但她好像总是没办法摆脱对已经死掉的初恋男友的印象，慢慢演变成严重的精神疾病，最后竟然消失了，不晓得是不是自杀了。这样一个爱情故事穿插在男主角逐渐显露出对美国的厌恶的过程之中，意味着什么呢？这位女主角名叫艾丽卡（Erica），很多人指出这是"America"（美国）的代称，而男主角工作的公司叫Underwood Samson，其缩写也是U.S.（美国）。这都是作者一语双关的文字游戏，虽然显得很聪明，但是玩得太多了，就有点过了。男主角深爱着的这个美国女孩，仿佛代表着美国是一个沉入自己的梦想之中不可自拔的人。同样，美国也在"9·11"之后在男主角面前逐渐封闭起来。

为什么男主角在美国过得那么快乐，但他居然喜欢看到美国低头呢？原因其实很简单，因为他感觉到自己虽然在美国过得很好，完全跟美国人一样，甚至是人上人，但在内心某个地方，他知道自己在装。你为什么要装美国人，要过美国式的生活呢？那是因为你觉得美国的生活、美国的风格比你来自的那个国家好。这种高低之分是很多移民面对美国时的一种自卑感。这种自卑感是怎么来的呢？难道美国真有那么好吗？大家都不愿承认这一点，于是反过来就要批判美国，觉得美国人很自大，好像总觉得他们那一套是对的，而那是一种很无耻的状态。

男主角对美国的这种愤恨也逐渐显露出来。更重要的是，他看到就连纽约这个美国最开放、多元化的地方也转向了封闭，"9·11"之后，美国像二战时期一样，开始一天到晚讲爱国讲正义，一天到晚要区分正邪，盲目地攻击他的祖国巴基斯坦，并把它拖入战争中。新闻画面里那些拥有21世纪最先进武器的美国轰炸机，与地面上装备简陋、食不果腹的阿富汗部落男子形成了荒诞的对比，让他不禁想起阿诺德·施瓦辛格主演的《终结者》，那部电影讲的是未来世界有一个先进的电脑文明要来消灭我们人类，而现实世界中美军攻打阿富汗的画面却让人联想起它，不同的是角色互换了，邪恶的机器人变成了英雄。

我觉得这部小说比约翰·厄普代克的《恐怖分子》写得更成功。它不是关注一个恐怖分子是怎么成形的，而是让我们看到一个原来拥有美国梦的人怎么样逐渐远离了美国梦,怎么样逐渐脱离了美国社会,然后回到他的家乡,变成一个激进的反美分子。

(主讲 梁文道)

莫辛·哈米德(Mohsin Hamid,1971—),作家,现拥有巴基斯坦和英国双重国籍。出生于巴基斯坦第二大城市拉合尔,毕业于美国普林斯顿大学,后又进入哈佛法学院深造。曾在纽约担任麦肯锡公司管理顾问多年,其间完成处女作《蛾烟》(2000)。另著有《如何在新兴的亚洲致富》(2013)、《西出口:小说》(2017)等作品。

◉ 从一桩凶杀案重构一段历史

——《午夜北平：英国外交官女儿喋血北平的梦魇》

一个轰动一时的案件，很快就因为战争的关系被遗忘，没有人再去关注，因此成了一个历史的脚注。

有一种类型的书叫作罪案的重构，就是针对一些历史上有名的案件尤其是悬案，用今人的眼光，搜寻一些前人可能忽略掉的细节、没注意到的档案，去重新建构当年的案情，试图追查其背后没有被揭穿的真相。例如，伦敦"开膛手杰克"连环杀人案[①]可能是世界上最

---

① 1888年8月7日至11月9日，英国伦敦东区白教堂附近连续发生了六起妓女被杀案，其间有署名"开膛手杰克"的人嚣张地写信挑衅社会。英国警方投入大批人力破案，有数十名犯罪嫌疑人进入调查的视野，终因缺乏证据而无法确认真凶，于1892年宣布停止侦办此案。

有名的凶杀案，重构此案的书已经多到可以放满整个书架了。

这类书很多推理小说的爱好者常常也很爱看。有一本书在 2013 年获得了埃德加·爱伦·坡奖的最佳罪案实录奖和英国金匕首奖的非小说类奖，这是英语世界最有名的两个推理类图书奖。这本书的英文名叫 *Midnight in Peking*，为什么要把它翻译成《午夜北平》，而不是按照现在的叫法译作《午夜北京》呢？因为是发生在民国年代的事，那时候不叫北京，而叫北平。

当年北平发生一件什么凶杀案值得今天再去探索呢？1937 年 1 月 8 日，破晓后又是寒冷的一天，狐狸塔一片空荡荡，一群野狗好奇地在水沟边的某物四周绕个不停，闻来闻去。那是一具年轻女子的尸体，以极奇怪的姿势躺着，身上已经结霜了，她的手腕上戴着一只名贵手表，时间停在午夜后不久。这是一个白人女子，她的父亲是个非常有名的中国通，做过英国领事馆的领事，当时还是国民政府编史馆唯一的洋人顾问。

这个案件迅速轰动整个中国乃至国际，不仅因为这是一桩洋人被杀案——其实早有很多洋人在中国遭遇不幸的意外死去，而且这个案件太离奇太恐怖，当时北平城的气氛已经够恐怖了。日军开始包围北平,宋哲元①虽然还在,但日军很快就要攻进城了,在这前夕还发生了这么恐怖的案件。

本书作者保罗·法兰奇是一个在中国生活了二十多年的当代中国通,常常在《中国经济评论》这类杂志上撰写中国财经方面的报道。他为什么会对这么一个案件感兴趣呢?最初是因为他看到一本很有名的书,即中国人很熟悉的美国记者埃德加·斯诺②写的畅销书《西行漫记》,也就是第一本向西方世界介绍中国共产党和毛泽东的书。

他在这本书里看到一则脚注写着,帕梅拉·沃纳(Pamela

---

① 宋哲元(1885—1940),山东乐陵人。原为冯玉祥手下西北军五虎将之一,后为国民革命军将领,最高军衔为陆军上将。1935年华北事变后,任平津卫戍司令、冀察政务委员会委员长兼河北省政府主席,与日军周旋处理华北问题。1937年卢沟桥事变后,拒绝日军要求国民革命军第二十九军撤出北平的最后通牒,于7月27日以军长身份发表守土抗敌的通电。

② 埃德加·斯诺(Edgar Snow,1905—1972),第一个采访红区的西方记者。在宋庆龄的安排下,1936年6月首次赴陕甘宁边区采访,发表了大量通讯报道,并在1937年卢沟桥事变前夕完成报告文学集《红星照耀中国》(*Red Star Over China*),又译《西行漫记》,同年10月在英国出版后成为轰动世界的畅销书。

Werner)的凶杀案使得作者的太太海伦·福斯特·斯诺[①]感到极为紧张。因为帕梅拉陈尸的地方离斯诺夫妇在北平的居所不远,而海伦晚上独自骑车返家时常常要经过那一带。那则脚注还提及有关狐狸精的传说以及一群从事性崇拜活动的人,而这起凶杀案始终未能侦破。他被这则脚注勾起了兴趣,在看到帕梅拉的照片之后就入迷了,无法舍弃这个案件,于是到处翻寻有关档案,想要重构整个案件的过程,找出这个悬案的真凶到底是谁,最终他做得非常漂亮。

帕梅拉是一个19岁的英国女孩,她的养父爱德华·沃纳[②]

[①] 海伦·福斯特·斯诺(Helen Foster Snow,1907—1997),美国记者、作家,笔名尼姆·威尔斯(Nym Wales)。1931年来华后不久即与埃德加·斯诺相识,两人于1932年圣诞节在日本东京举行婚礼,1933年春在北平东城盔甲厂胡同13号安家,与住在该胡同1号的帕梅拉·沃纳一家为邻。1949年与埃德加·斯诺离婚,此后未再婚,专注于著述。著有《红色中国内幕》(又译《续西行漫记》)、《毛泽东的故乡》等作品。

[②] 爱德华·西奥多·查默斯·沃纳(Edward Theodore Chalmers Werner,1864—1954),中文名倭讷,英国外交官、汉学家。19世纪80年代来华工作,直到20世纪50年代初才回国。初在北京任英国公使馆实习译员,后到广州、天津、澳门、杭州等地工作,1911年任英国驻福州总领事。1914年退休后移居北京潜心研究汉学,兼任北京大学讲师、英国皇家亚洲学会会员等。著有《中国神话与传说》(*Myths and Legends of China*)、《中国神话辞典》(*A Dictionary of Chinese Mythology*)等作品。

于19世纪80年代就来到中国,退休后仍然留在这里研究中国历史,精通中国多地方言。爱德华·沃纳是一位很有名的汉学家,现在已经没有太多人记得他了,但是搞汉学史研究的人一定晓得他。

他当时住在盔甲厂胡同,离东交民巷不远。当时北平很多洋人尤其是像他这种有身份的洋人,都住在东交民巷这个受到保护的社区里。他住的那个老宅子像四合院,但是有电灯、华丽的浴室、锅炉、现代化的水管、蒸汽式的暖气机等设备,窗户也是玻璃窗而不是纸糊的。

他的太太很久以前就去世了,女儿帕梅拉在北平读书的时候很叛逆,他管不住她,就把她送去天津一所寄宿学校。那里每个人都说帕梅拉是乖乖女,但是北平的朋友说她很爱玩,很有男孩缘,常常出去喝酒,参加各种各样的派对,好像判若两人。

这个案件比较可怕的地方是帕梅拉的死法。她身上满是混乱的伤口,气管被割断,曾经有人试图分尸。她的肋骨从里往外被拉出来破坏掉,从气管到骨盆之间所有的脏器都被掏空,看得出不是动物咬的,因为那切口非常利落,可能有点专业手法,或者用的是专业器具。

她浑身上下布满了伤痕,整个眼睛被血盖住,胃里有一点之前残留的中国食物。她还喝过一点酒,但是没有中毒的迹象。她的阴部有破损,不是处女,但不知道是什么时候发生过性行为,也不知道是不是在她自愿的情况下进行的。这具尸体如此可怕,凶案又发生在很多老北平人觉得非常恐怖的那个有狐狸精出没的狐狸塔,旁边还有一块恶名昭著的荒地,于是这个案件轰动了北平城。

这个案件的神秘之处还在于,它引出了各种各样的说法。斯诺的太太认为,当时凶手真正要杀的并不是这个小女孩,而是她本人,因为《西行漫记》已经写完快要出版了,而戴笠指挥的蓝衣社想要阻止这本书的出版,就派杀手来谋杀他们夫妇,结果杀错人了。

有些北平的老百姓则说,那是狐狸塔下面那些狐狸精半夜出来作祟。还有人说这个案件牵涉到北平城内各种各样的黑帮,其中有许多人是日本人的走狗,还有一些干脆就是日本的浪人,或者是帮日本人做事的朝鲜人。也有人说,那是一帮劫财劫色的土匪干的。但奇怪的是,帕梅拉手上那块名贵的手表并没有丢。

这个案件还牵涉到一群很奇怪的洋人,他们从事性崇拜活动,在北平西山上搞过天体营。牵扯进这个案件的人越来越多,甚至有人怀疑是帕梅拉的爸爸干的。因为这位老汉学家人缘很不好,脾气很暴躁,常常打人,几十岁了还跟人打架。有人认为他在管教女儿的过程中失手杀了女儿，然后想分尸掩盖罪行。

当时中英双方派出很多精干的警探来调查这个案子，北京协和医学院很多有名的医生也出来做法医见证，最后都没了下文。只有帕梅拉的老父亲即便在日本人已经进城的情况下，仍然锲而不舍地继续调查，最后找到了他心目中的真凶。但是，他的调查结果全部被掩埋在历史之中，隐藏在大英帝国仅存的一些档案里。当时已经进入战争的白热化时期，根本没有人理会他的抱怨、投诉、上访，他的那堆东西就丢在那儿没人管。一个轰动一时的案件，很快就因为战争的关系被遗忘，没有人再去关注，因此成了一个历史的脚注。

为什么这个悬案值得我们重新注意，还值得写成一本书，并翻译成中文向中国读者介绍呢？那是因为就像著名汉学家史景迁[①]所说的，这本书绝不只是一般的案件重构，还是一部社会史。

我们能透过这本书看到20世纪30年代的东交民巷是什么样子。它是个欧洲的缩影，街道名称都与欧洲相关，比

---

① 史景迁（Jonathan D. Spence，1936—2021），美国汉学家，以研究中国历史见长，迄今已出版《追寻现代中国：1600—1912年的中国历史》《康熙：重构一位中国皇帝的内心世界》《太平天国》等十余部中国史专著。

如有条路叫马可波罗路，沿路有通电的街灯，路口则有圣米厄尔教堂。使馆路还有一家德国医院，护士由天主教修女担任，而病人吃的是德式蛋糕和咖啡。西式洋房里的居民常常去基尔鲁夫百货大楼，那里可以买到香水、罐装食物和咖啡。塞纳·费雷斯珠宝店是当时公认的华北最棒的珠宝店，哈通照相馆也是。此外还有一些书店。

这是当时北平有钱的洋人的生活状况，但并不是所有的洋人都有钱。当时在北平有各式各样的人，有些洋人甚至住在荒地里。今天的北京人恐怕不知道，那是指东交民巷使馆区与鞑靼城墙之间的一块狭长地带，清朝的时候叫作缓冲地，但在清朝垮台之后变成三不管地带。那里洋人多，好像应该是东交民巷的势力范围，但其实不是。你说它归民国政府管吗？好像也不是。那里有廉价酒吧、妓院、夜店、赌场和毒窟，大部分经营者是没有国籍的白俄罗斯人，而后台老板是日本人，由朝鲜人代理的也越来越多。

那个地方无法无天，所有房子看起来都像是匆匆拼凑出来的。有很多廉价旅馆专门租给隐姓埋名的罪犯或者妓女，提供各种劣质的私酒和烈酒。那里到处都是中国乞丐，身上长了脓疮，缺胳膊少腿，眼珠浑浊，或者脖子有甲状腺肿瘤。但这么一个乱七八糟的地方，生意却非常好。

那里还有一些老外，像是北平城里的漂流木。他们当中什么人都有，比如落魄的白俄罗斯人，留着乱七八糟的络腮胡，身穿破旧的沙皇军队制服，漫无目的地游荡着。大家千万别以为当时来中国的老外都是那么的体面光鲜，其实很多人都带着一些不可告人的过去来到这个"冒险家的乐园"——虽然那指的是上海，但北平也不遑多让。在这个地方，人人都想抹掉自己的过去，做一个体面人，进入一个他们在老家根本进不了的俱乐部。但是，这个地方又充满了各种流言蜚语，虽然你想掩盖你的过去，但人们最感兴趣的还是你的过去。

我们在这本书里还可以看到北京协和医学院如何先进，洋车夫是怎么工作的，当年在中国很有名而今天已被人遗忘的一些洋人……当年发生在北平城里的那些故事，让我们觉得自己好像并不熟悉祖国的过去。比如书中有个人物叫亚历山大·米克亥罗维奇，别名叫舒拉，当年在中国的洋人圈乃至华人圈都很有名。这个俄罗斯人性别不明，有时候打扮成女人，穿旗袍时漂亮得不得了，以男性面孔出现时又帅气得不行。这个人在别人眼中，有时候是黑帮，有时候是毒贩，有时候是妓女，有时候是交际花。他到底是什么人呢？就像谜一样的中国，一切都在战争之后被掩盖起来，灰飞烟灭了。

（主讲　梁文道）

保罗·法兰奇（Paul French，1966— ），英国作家。生于伦敦，在中国生活了二十多年。著有《镜里看中国：从鸦片战争到毛泽东时代的驻华外国记者》《卡尔·克劳——神奇的中国通：一位美国人在上海的生活和冒险》《旧上海的A到Z》等作品。

中国人与美国人的处世之道

中国人对待这些东西的态度,倒不是因为它们来自异国,而是因为真的喜欢它们的样式和美感。当时欧洲人看待船的来品的态度,就跟我们今天的态度差不多,而当时的中国人却是怀着一种猎奇的心态。心态的不同,会影响这两个地方历史发展的不同走向和轨迹吗?看起来是会的。

维梅尔, 还有一幅有名的画叫《地理学家》里。

而那个地理学家正在研究一幅世界地图。背后有一个地球仪。卜正民在大美国书馆里发现一份手稿,记载17世纪时有一艘名叫古拉号的葡萄牙船在中国东南沿海沉没,船上人员登陆后跟当地人发生了冲突,然后互相欧杀,最后这件事闹到官府去,这帮外国人被抓了起来。

1625年2月12日早上,这艘船上淹死和被杀死的人包括摩尔人、黑人、高加

● 国家越强盛,越不怕崇洋媚外
——《撒马尔罕的金桃:唐代舶来品研究》

当时人喜欢胡风,觉得胡人的风尚才叫潮流。比如唐朝大诗人白居易,有好端端的屋子不住,偏在庭院里搭了突厥帐篷,还对来参观的宾客得意扬扬地说,你看这个突厥帐篷多好啊,冬暖夏凉的。你说他不崇洋媚外吗?

当每一个人都认为中国这个大国正在崛起时,我们发现另外还有一股潮流那就是民族主义情绪。就拿2006年的圣诞节来说吧,有十位来自北大、清华等著名高等院校的博士生联名写了一封公开信,呼吁国人抵制圣诞节。好像我们过圣诞节就是很媚外,成了叛徒一样。

说到中国历史上最伟大的朝代,很多人就会想到唐朝。

但是，说到最媚外、最崇洋的朝代，说不定还是唐朝呢。爱德华·谢弗教授写的这本《撒马尔罕的金桃：唐代舶来品研究》，我给它取了一个外号叫"唐朝媚外崇洋总记录"。因为这本书讲170多种外来物品是怎么传入唐朝的，而唐朝人又是怎么看待它们的。

这本书的作者很有意思，他还有一个中文名叫薛爱华，虽然看起来是个"媚华学者"，但其实是个汉学家。身为汉学家，他当然懂中文。不仅如此，他还懂古拉丁文、古埃及文、阿拉伯文、越南文、日文等十几种语言。因为他懂这么多语言，所以他做唐朝史的研究时就格外得心应手。因为唐朝作为一个世界性帝国，跟外界有那么多的交流，所以牵涉到很多不同语言的文献和记录，而他就能够一一解读出来，最终完成了这部巨著。

从表面上看，这本书是在研究葡萄、黄金、钻石等物品如何传入中国的过程，但其实不止这么简单。书名叫《撒马尔罕的金桃》(*The Golden Peaches of Samarkand*)，撒马尔罕是当时一个西域的国家，金桃则是那里盛产的一种传说中非常美味的水果。光听"撒马尔罕的金桃"这个名字，你就会觉得很有异国风情。唐朝人最爱异国风情了。

这本书罗列出了一堆外来物品，谢弗教授专门研究它们在唐朝人心目中留下什么印象，产生什么样的文化影响。

比如狮子，大家常常能在中国诗词里找到关于狮子的描述，但是中国有狮子吗？今天亚洲狮基本上灭绝了，即使在它们还纵横中亚的时代，中国本土也没有狮子，全是外国来的贡品。谢弗教授发现唐朝时就有外国人献来一些狮子，但即便如此，能够在皇宫里看到狮子真身的人也只是少数，可是狮子的形象却被中国人美化了。

当时有这么一个说法：如果一个乐师用狮子筋来做琴弦的话，一弹奏就会使得其余琴弦断裂掉，因为狮子被尊为一种神物。中国人认为，中国的象征是龙或者虎，西方人的神兽就是狮子。中国人特别崇拜狮子的时候，干脆把它作为一种宗教的象征，比如用"狮子吼"来形容佛陀说法，给文殊菩萨造像时总是让他骑着一头狮子。

有一些东西其实是中国原本就有，比如玻璃，可是不晓得为什么，唐朝人总觉得它是外来物品。大概是唐朝人不很擅长吹制玻璃器皿，所以才会觉得玻璃是舶来品。（编者注：玻璃最早的人工制造者是古埃及人。）有媚外到唐朝人这种程度的吗？明明是自家就有的东西，却偏说是外来的好。用今天的标准来看，这叫作不爱用国货。

但是，我们不能否认唐朝是中国历史上最伟大、最开放的一个朝代。比如当时那些贵族妇女穿的衣服都袒露胸背，大概整个长安城的女性都像《满城尽带黄金甲》里面那帮女演员一样，走起路来多有气势！唐朝不止在这个方面开放，还对外国人很开放。长安城作为一个国际大都会，不仅外来人口多，甚至书店里还卖一些突厥文的书和突厥语的翻译词典。

谢弗教授说当时人喜欢胡风，觉得胡人的风尚才叫潮流。比如唐朝大诗人白居易，有好端端的屋子不住，偏在庭院里搭了突厥帐篷，还对来参观的宾客得意扬扬地说，你看这个突厥帐篷多好啊，冬暖夏凉的。你说他不崇洋媚外吗？更不可思议的是，唐太宗的太子李承乾平常不愿跟部下说汉语，而说突厥语，相当于今天的高干子弟见面时不讲普通话而讲英文一样。李承乾甚至还口出狂言，说他如果有一天当了皇帝，就去投奔突厥可汗当他的部下。还好后来李承乾没当上皇帝。

这个故事教导我们：原来在历史上，一个国家越强盛的时候，越不怕去媚外，不怕去崇洋。我们看唐朝人画的这幅壁画，描绘释迦牟尼死后各国王子来朝拜的场景，虽然各国王子的形象有些怪异，但是衣冠堂皇都很有气度。反之，到了宋朝，大家觉得那是个积弱的朝代，他们画出来的外国人形象就很丑恶，说人家很粗糙很野蛮。唐朝人的媚外是有本钱的。

（主讲　梁文道）

薛爱华，即爱德华·谢弗（Edward H. Schafer，1913—1991），美国著名汉学家、语言学家，主要研究领域是唐代的社会、文化史。1947年从加州大学伯克莱分校获得东方语言学博士学位后，留校执教直至退休。著有《神女：唐代文学中的龙女与雨女》《珍珠海岸——古代的海南岛》等十余部书，其中《撒马尔罕的金桃：唐代舶来品研究》(曾译《唐代的外来文明》)和《朱雀：唐代的南方意象》被视为唐代外来文化研究中的双璧。

● 名画里的全球化贸易

——《维梅尔的帽子：从一幅画看全球化贸易的兴起》

> 维梅尔画笔下那些日常生活的景象中，有太多关于荷兰与世界发生关系的痕迹，而身为汉学家的卜正民尤其关注里面有哪些东西与中国有关。

二十多年前，我第一次读到黄仁宇先生的《万历十五年》时真是大开眼界，没想到历史还能这么写，能从那么狭窄的一个年份去谈论明代乃至中国现代史上一个很重要、很深沉的脉络问题。后来我发现，原来许多史学家都喜欢以小观大，研究一个特别小的题目，从中让我们看到整个世界历史的流动、交流与变化，比如季羡林先生写的《糖史》。

在这一类型的著作中，有一本特别有趣的书叫《维梅尔的帽子：从一幅画看全球化贸易的兴起》，谈的是一个世界史的话题。世界史研究的课题，并不局限于某一个国别，而是世界各地之间如何开始交流与发生关系进而形成一个网络。让人比较惊讶的是，这本书的作者是卜正民。这是一位我特别欣赏的史学家。他的专长是明史研究，由他来写这么一本谈世界史的书就已经够奇怪了，更奇怪的是他居然从荷兰大画家维梅尔①开始谈起。

维梅尔一直是我特别喜欢的一个画家，他的画对光线有一种很暧昧的、幽微的处理。尽管他是一位对后世影响很大的大画家，但他生前并不是太有名，跟伦勃朗②那些人不一样。这位大画家存世的画作大概只有三十多幅，而卜正民从他的五幅画里的一些细节去谈17世纪世界各地之间的关联，尤其牵连到他向来关注的中国。

这本书从维梅尔的一幅画——《台夫特一景》开始谈起。台夫特（Delft，又译代尔夫特）是荷兰一个很重要的

---

① 维梅尔（Johannes Vermeer，又译约翰内斯·维米尔，1632—1675），出生于台夫特，与梵·高、伦勃朗并称为荷兰三大画家。作品大多是描绘市民日常生活的风俗画，对色彩的把握和光线的处理非常出众，被称为光影大师。生前只是一名不太重要的画匠，直到19世纪才被推崇为伟大的画家。

② 伦勃朗·哈尔曼松·范·莱因（Rembrandt Harmenszoon van Rijn，1606—1669），荷兰著名画家，擅长肖像画、风景画、风俗画、宗教画、历史画等，在欧洲绘画史上的地位与意大利文艺复兴诸巨匠不相上下。

港口城市，今天看起来比较冷清，但是当年也曾热闹过。卜正民注意到，维梅尔所画的老家台夫特的这片风景中有一座大仓库的屋顶。卜正民推测那座大楼应该有"VOC"三个字，因为它是荷兰东印度公司（Verenigde Oostindische Compagnie）台夫特商会的总部所在地。

荷兰东印度公司虽然对中国人来说没有英国东印度公司那么有名，但它是世界历史上第一个大型的股份制企业集团。当年有太多荷兰人的生活跟这家公司扯上关系，因为它经营的是海外拓殖与贸易的事业。

在 1595 年至 1795 年这两百年间，有将近一百万人从荷兰走海路前往亚洲，其中大部分人都在这家公司觅得职位。这真是个惊人的数字。但是，每三个搭船前往亚洲的人里面就有两个再也没有回来，倒不是全都死了，其中有很多人留在了在亚洲各地。所以从澳门到印度等地，你都能看到荷兰人的一些墓园。那些人在三四百年前跨过大洋前来，最后客死异乡。其实，他们在老之将至时已经不想再回老家了，因为亚洲是他们一生的事业所在。

在维梅尔画笔下那些日常生活的景象中，有太多关于荷兰与世界发生关系的痕迹，而身为汉学家的卜正民尤其关注里面有哪些东西与中国有关。维梅尔有一幅画是一个年轻女子正在读信，前景有一个瓷盘，里面放了一堆水果。

请注意,这是什么瓷器?当然是中国出口的瓷器了。

卜正民说,我们看这幅画的时候,目光通常会先投向画中的少妇,但在维梅尔作画的那个年代,那个瓷盘大概会跟她争夺观者的目光。因为那样的盘子赏心悦目,在当时仍旧不常见,而且贵得并非人人都买得起。但是,就在画完这幅画之后的一二十年,中国瓷器在荷兰就随处可见了。17世纪50年代那十年,正是中国瓷器在荷兰艺术和荷兰人生活中占有一席之地的年代。当时的静物画家比如维梅尔,常常喜欢把生活中的这些东西画进去。

我们要注意的是,这个盘子虽然叫中国瓷器,白地青花制造出了让欧洲买家惊艳的效果,但那种蓝颜料并不是产自中国。它来自哪儿呢?在蒙古人的统治下,元朝时进来了很多波斯的东西。波斯的陶工造不出像中国那么白的瓷器,于是用不透明的白色釉掩盖灰色黏土,然后以本地的钴为颜料,在上面绘制蓝色的装饰图案。的确,白地青花非常富有波斯风格。为什么波斯人喜欢这样的瓷器呢?主要原因是波斯禁止用金盘或银盘进食,有钱人穷极无聊就想到用瓷器或许更好,而且它们跟金银一样很昂贵。于是景德镇的陶瓷商人就进口波斯钴,大量制作这种样子的陶瓷,为的是攻占波斯市场。

青花瓷不仅在波斯销路好,而且连欧洲人都很喜欢。

好玩儿的是，后来输往欧洲的很多瓷器是按照欧洲人喜欢的样式定制的，而这些东西在中国国内极少见，就算偶尔见到的话，也把它们当成是新奇的洋玩意儿，不会想到它们也是景德镇出品的。这些专为欧洲市场打造的瓷器，被中国人当成一种很奇怪的、带有异国风情的东西。

中国人对待这些东西的态度，反倒不如当时那些欣赏中国陶瓷的欧洲人。欧洲人喜欢这些东西，倒不是因为它们来自异国，而是因为真的喜欢它们的样式和美感。当时欧洲人看待舶来品的态度，就跟我们今天的态度差不多，而当时的中国人却是怀着一种猎奇的心态。心态的不同，会影响这两个地方历史发展的不同走向和轨迹吗？看起来是会的。

维梅尔还有一幅有名的画叫《地理学家》，里面那个地理学家正在研究一幅世界地图，背后有一个地球仪。卜正民在大英图书馆里发现一份手稿，记载 17 世纪时有一艘名叫古拉号的葡萄牙船在中国东南沿海沉没，船上人员登陆后跟当地人发生了冲突，然后互相砍杀，最后这件事闹到官府去，这帮外国人被抓了起来。

1625 年 2 月 16 日早上，这艘船上溺死和被杀死的人包括摩尔人、黑人、高亚人、南亚穆斯林、澳裔葡人、葡萄牙人、西班牙人、他加禄人和日本人。这份罹难者名单说明了船上乘客种族、民族的多元。船上有92名葡萄牙人，其中有些人在澳门出生或者在那里居住，其他人则来自散布于全球各地的葡萄牙殖民地，从中南美洲一直到印度。船上来自其他国家的欧洲人，只有6名西班牙人。

这份乘客名单显示了谁在靠葡萄牙航运维系的贸易网络中活动。要不是乘坐这艘船的耶稣会士拉斯科特斯后来写下这份船难信息，而他的手稿又被大英图书馆保存了下来，我们就不会知道这艘船上居然搭载了如此多形形色色的人。船主和船长是葡萄牙人，而乘客却来自许多国家，最东的远至墨西哥，最西的远至加那利群岛。

通过拉斯科特斯的回忆录，我们知道葡萄牙船搭载的人其实不全是葡萄牙人，而这些人给当时的中国人带来非常大的震撼。中国人大概是第一次遇到这么多国家的人，而当时远比中国衰弱的葡萄牙却已经非常习惯世界上有太多不一样的人，也非常习惯跟他们打交道了。这种把世界如此开放视为寻常的心态，跟欧洲人如何看待外贸产品比如中国瓷器的态度是相关的。

维梅尔画笔下那个冷静的荷兰地理学家，人在万里之外，不可能亲眼看到那些远在中国东南沿海发生的事件。他的同胞掌控了海洋，而他对荷兰东印度公司的商人航行海外所赚得的利润并不感兴趣，他所感兴趣的是商人带回来的资讯。他收集和分析那些资讯，综合成一张张地图，然后商人拿它们去开拓更广阔的天地。这些地理知识如果不适用，地理学家就再收集更新的知识，把它们纳入地图里。17世纪欧洲地理学家的职责，就是积极投入这个不断循环往复的回馈修正过程。这样一种回馈机制使得欧洲的地图绘制员不断修正自己的地图，用更准确的新知识取代旧知识。

当时中国地理学家与欧洲地理学家的处境大不相同。中国没有这样的回馈机制，而且几乎没有改变现状的动力。当时中国也有很多人偷偷出去搞贸易，但是，就算从水手那儿能得到很多关于海外的知识，中国学者往往也兴趣不大。当然，也有一些例外。当时也有一些中国地理学家特地向那些去过东南亚海域的水手请教，然后把那些资料记录下来。但是，他们收集这些材料的目的跟欧洲地理学家完全不同，只是出于一种中国人喜欢记录历史资料的传统，乃是供史家他日采用，而不是供当时的水手、商人所用。

当时的中国文人就算撰著涉及海外的历史书籍、地理书籍，也不是为了给那些出去做贸易的中国人使用或者供官员参考，而那些水手回来后也不觉得需要依赖文人为他们生产什么知识。这就是当年中国跟欧洲最大的区别，这也许就构成了两者后来悲剧性的交叉和撞击的深层理由。

(主讲 梁文道)

卜正民(Timothy Brook,1951—),加拿大著名汉学家。拥有哈佛大学硕士和博士学位,曾任多伦多大学、斯坦福大学、牛津大学等校教授,现就职于不列颠哥伦比亚大学历史系。是六卷本《哈佛中国史》的主编,并撰著第五卷《挣扎的帝国:元与明》。另著有《纵乐的困惑:明代的商业与文化》《为权力祈祷:佛教与晚明中国士绅社会的形成》等作品。

● 披着"探险家"外衣的强盗和间谍

——《丝绸之路上的外国魔鬼》

现在很多国家特别是西方国家的博物馆里,有大量来自中国的文化瑰宝和历史文物,其中相当多就是被所谓"探险家"带回国,经过好几手的转卖,最后被博物馆收藏。

现在中国提出"一带一路"的倡议来推进区域经济的融合,也就是要重建历史上的丝绸之路,让中国与中亚地区、欧洲国家在经济上有更密切的联系。在世界历史上,丝绸之路应该是最长的,也是最繁忙、最光辉的一条贸易通道,不过后来被废弃了,没有再用了。

谈到丝绸之路,可能大家知道的都是一些比较宏观的概念。大多数人对丝绸之路的理解,可能就是过去中国与中亚地区、欧洲国家进行贸易，用丝绸换取那里的一些产品。不过，这和一些研究者看到的情形可能是大不相同的。

《丝绸之路上的外国魔鬼》的作者彼得·霍普科克曾是英国《泰晤士报》的记者。顾名思义，"外国魔鬼"是指那些跟中国敌对的外国人，其中有一类人就是探险者。外国探险者为什么要去丝绸之路走走？丝绸之路肯定跟新疆有关系，他们为什么要去喀什？他们为什么还去中国其他地方，特别是敦煌呢？当然是为了财宝。敦煌的很多画、雕刻和手稿价值连城，都被所谓"探险家"盗走了。现在很多国家特别是西方国家的博物馆里，有大量来自中国的文化瑰宝和历史文物，其中相当多就是被所谓"探险家"带回国，经过好几手的转卖，最后被博物馆收藏。

这不是一本新书，早在三十多年前就出版了，已经重印了好几次。这本书讲述了一些非常惊险的故事，是我的书架上最令我有兴趣一再阅读的书。书中主要涉及六个探险者，分别来自瑞典、德国、英国、法国、日本和美国。事实上，探险者在相当程度上接受了一些别的任务，比如间谍任务。国家情报部门或者国防部门、外交部门派他们以"探险家"的名义，从各个方向进入新疆，比如从印度翻山越岭，经过非常艰难的跋涉到达喀什。还有俄罗斯人从中亚地区比如现在的哈萨克斯坦、吉尔吉斯斯坦进入新疆，名义上是要考察中国的地理环境、旅游方式等，但实际上做的事情有二：一是猎宝，二是勘测地形，主要是为了实现国家的战略目的。因为新疆与中亚地区相连，这个地区包括阿富汗、哈萨克斯坦等国，在历史上是几个大国之间博弈的一个重要阵地，到今天依然如此。

为什么外国探险者可以轻易地从中国的边境进入境内呢？因为当时中国政府对边疆的控制非常松散，所以外国探险者包括间谍都可以通过各种各样的途径进入中国。当然，这些人进入中国后，也会受到中国政府的一些监视，比如有几个人在喀什被拘禁了很长时间，并被多次审问。但是，这帮外国人非常狡猾，用各种各样的方式脱罪，然后又非常自由地在中国旅游、探险或者寻宝。中国政府后来才发现，很多外国人之所以能进入中国盗走那么多东西，是因为他们相当有水平，曾接受过情报部门或其他部门非常专业的训练，所以才能够在那种艰难的环境里生存下来，而且成功地逃离中国。

还有一点特别值得注意的是，过去日本人从中国东北、北京一直往西走到甘肃、新疆等地，其实是在从事间谍活动，主要不是为了淘宝，而是勘测地形。直到今天，仍有外国人因为在中国境内进行非法的勘测而被逮捕。到目前为止，这样的外国人在丝绸之路上依旧存在。

当然，时代已经不一样了，今天我们在丝绸之路上看到的外国人大多数是普通游客。但是，看到他们的面孔时，我会不自觉地想到这本书里所勾勒的很多人物形象和插图。最近这几年，我也经常去新疆，每次到了大沙漠就会想起这本书里描述的一些内容，比如那些探险家在荒无人烟的地方是怎么生存的，然后又通过什么样的方式在中国各地辗转，最后成功地带走很多瑰宝。

（主讲　杜平）

彼得·霍普科克（Peter Hopkirk，1930—2014），英国记者、作家。曾在英国独立电视新闻公司（ITN）、《泰晤士报》等媒体当记者，后潜心写作。著有《大博弈：英俄帝国中亚争霸战》等书。

⦿ 是中国还是外国,这是个问题
——《我者与他者:中国历史上的内外分际》

要谈中国是怎么看内外问题的,不可不谈"天下"这个概念。

葛兆光①先生在《宅兹中国——重建有关"中国"的历史论述》一书中提到,"中国"不再是学术上可以那么不言自明的一个实在的"单位"了,它在各种学术思潮的冲击下,已经成为一个需要重新被放进引号里去探讨的空间概念。他在这本书里针对种种挑战和疑问做出回应,努力

---

① 葛兆光(1950—),原籍福建,生于上海。北京大学研究生毕业,曾任清华大学教授,现为复旦大学文史研究院及历史系特聘资深教授。主要研究领域是中国宗教、中国思想和中国文化史,著有《中国思想史》《禅宗与中国文化》等书。

要把"中国"这个概念重新明确地定义下来。

说到这个问题,最重要的可能是出在所谓的"中外关系"这一点上。"中外"到底指的是什么呢?从今天来看,中国人所说的"中外关系"很简单明确,比如说中美关系。但是,回到历史上,比如宋与辽的关系能不能叫作中外关系呢?如果是的话,那些辽人今天还能不能被当成中华民族的一分子呢?该怎么看待他们的后代呢?这是个相当复杂的问题。

说到这里,我想起历史学界另一位非常重要的老前辈,重量级的学者许倬云先生,他有一本书叫《我者与他者:中国历史上的内外分际》。许先生是名满天下的历史学家,以周史和汉史的研究而闻名。他大量运用现代社会科学的方法来做历史学研究,可以说是国际学术界综合运用社会学、人类学、考古学这几门学问来做中国历史研究的一个重要代表人物。

这是一本脱胎于许倬云先生一次演讲的小书[①],里面

[①] 2007年11月,许倬云在香港中文大学主办的首届"余英时先生历史讲座"上做了讲演,内容共分两讲,其中第二讲是讨论中国历史上不同时代的中外关系模式。后来根据香港中文大学出版社的建议,许倬云在第二讲录音稿的基础上进行修改和扩充,最终形成《我者与他者:中国历史上的内外分际》一书。

有些观点非常有趣,但是也有一点问题。比如它的副标题叫"中国历史上的内外分际",按理应该讲所谓内外的区别,可是在谈到"我者"与"他者"的时候,以宋朝为例,会忽然讲到君权是"我者",而士大夫在地方乡村里的势力是"他者"。这个"我者"与"他者"之分,忽然从一种内外分际变成中国社会内部主流思想与边缘思想或者两种权力的关系。也就是说,这本书里的"我者"与"他者"是不断在变换的,所以读者不太容易把握。许先生在结语里说,这些东西是相互有关系、相互影响的。但我觉得他并没有很好地梳理清楚,所以有时候"我者"与"他者"看起来只是一个单纯的形容词,甚至只是个比喻而已。

不过瑕不掩瑜,这本书可以让我们看到中外关系或者内外观念是如何演变的。要谈中国是怎么看内外问题的,不可不谈"天下"这个概念。这是最近几年很多学者努力在做更深刻发掘的一个题目,比如著名哲学家赵汀阳[①]先

---

① 赵汀阳(1961—),广东汕头人。中国社会科学院研究生院博士毕业,师从李泽厚,现为中国社会科学院哲学研究所研究员。著有《天下体系:世界制度哲学导论》《天下的当代性:世界秩序的实践与想象》《惠此中国:作为一个神性概念的中国》等作品。

生为"天下"概念奠定了哲学基础，汪晖①也做了很多关于"天下观"的演变历史及其现在遇到的挑战的研究。

在这本小书里，许倬云当然从他最熟悉的周史开始来谈"天下"观念，而这个观念确实也是滥觞于周朝。他提到从商到周有一个非常大的转变，就是周朝开始有了封建制度。这是学术意义上的封建制度，而不是今天我们所说的封建社会。

许倬云说："西周分封，用亲缘关系维持封建网络，宗统与君统相叠，血缘与政治结合，这种双重结构，给中国文化传统打下了深刻的烙印。更须注意处：诸侯带去封地的武力，周人之外，还有殷商遗民；诸侯在封地，又结合当地族群，与其精英分子，互结婚姻。于是，无论哪一个封国，都是若干族群与文化系统的融合。周人与殷商文化，渗透各地的地方文化；同时，各地还有其地方文化的同化作用。日久之后，诸侯必然'本土化'，不免与中央逐渐疏远。"

这就是封建制度带来的问题，我们后来看到西周的崩溃，到了东周，已经演变成列国互相征战。在这个礼崩乐

---

① 汪晖（1959—），江苏扬州人。中国社会科学院研究生院博士毕业，曾任中国社会科学院文学研究所研究员、《读书》杂志主编，现为清华大学人文学院教授。著有《现代中国思想的兴起》《文化与政治的变奏：一战和中国的"思想战"》等作品。

坏的时代，孔子来了。许倬云说："孔子创造性地将现实转化为理想，他将封建礼仪提升为普世伦理，将血缘亲谊转化为仁道王政，将分封的控御体制，转化为大同的天下。"在这场由孔子发起的思想革命里，他做了一件很了不起的事情，即把原来是很现实的、一时一地的政治制度创造性地提炼出一种哲学观念，成为后来所谓"天下观"的一个重要基础。

孔子是怎么做到的呢？许倬云说："孔子面对社会失序，眷念理想中旧社会的有条有理。他一生致力于重整失去的伦理秩序，却不是恢复封建，而是将原来封建结构的理想成分，扩大为人间应有的普世伦理。于是对于主君的'忠'，转化为处世待人的诚敬；行之父母的'孝'，转化为对于祖先的眷念；对待下级的'仁'，转化为对众人的惠爱；又将诚敬（忠）宽恕结合，以诠释'仁'的内涵；封建伦理的'义'，原来是'应然'的行为，则转化为由内心的仁，表达为人际关系'应然'的互动。凡此转化，都将封建社会上层自诩为文质彬彬的伦理德目，转化为人类未来应有的人性本质，人人应予自修，庶几可以达到的境界。"这时候，一种"天下"观念就出现了。

在这样的"天下观"里，有一种儒家式的普世伦理和普世价值，而这让当时站在"中国"中心的人觉得自己与四方"蛮夷"的差异不是一种民族或种族的差异,而是教化的差异,这些"蛮夷"可以通过教化进入我们的伦理秩序而成为我们的一分子。在这样的"天下观"里,真的是"普天之下,莫非王土",所有地方都没有一个明确的分界线。但是到了后来,历史现实却不断地挑战这样的观念,形成一次又一次实实在在的所谓中外分别。

大家都知道唐太宗很了不起,他让北方草原的游牧部落比如突厥都尊称他为天可汗。大家觉得这是中国文治武功达到鼎盛时期一个了不起的功绩,所以都很崇拜唐太宗。但是大家有没有想过,突厥称唐太宗为天可汗,这个叫法背后其实别有深意。许倬云说:"各族拥戴一个强大部落的首领为诸部联盟的盟主,也是亚洲北部草原上的常事,突厥等族拥戴太宗为天可汗,可以说是认中国为当时国际社会的一部分,而不是南北对峙的敌人,这一形势反映了亚洲列国体制的滥觞。中国必须与诸邻共处,即使是诸国之中的盟主!中国不再能自以为是'天下','天下'之内,不容许有平等的'他者',所有'他者',都不过是将要接受'王化'的'远人'!联盟是许多政权集合的国际社会,其共主有协调与主宰诸国的权力,却不能化诸国为己有。"

以前我们看唐朝的地图,总觉得整个北方草原都是唐朝的管辖范围,王命能够直达那里,管理也纳入同一个国家机器体系里。其实不然，这些北方草原部落虽然都服从于唐朝，也推举唐太宗为天可汗，但他们只是按照部落原来的规矩，谁强大就推谁当老大。这些部落把你当成联盟的老大，并不是说他们就直接被你吞并掉了。

葛兆光教授认为，宋朝是中国开始出现民族意识、民族国家的时期。但在许倬云看来，唐朝是中国国际关系形成的一个关键时刻。没错，宋朝人强烈意识到中国不是天下，自己以外还有比如辽、金，形成某种类似于南北朝的关系。但是，按照许倬云的说法，哪怕是在疆域那么广大、文治武功那么兴盛的盛唐时期，中国也只是国际社会的一个成员，虽然是"大哥"，但却不能把其他成员国，比如北方草原诸部落直接纳入本国吞并掉。

关于元朝，许倬云则认为："中国历史一向以元代为中国的一个朝代，也正因为忽必烈及其子孙，的确是当时中国的君主。在另一方面，明代兴起，驱逐蒙古，重建中华。但是，元朝后代，仍以'北元'、'后元'的名义，统治塞北草原，元朝并未消失。但在中国正统历史，包括专治蒙古史的史家，很少有人认为北元与明廷，其实是另一形式的南北朝。"

这话很有意思。我们今天总说"唐、宋、元、明、清"这样一个朝代顺序表，好像唐朝没了就有了宋朝，宋朝没了就有了元朝，元朝没了就有了明朝，明朝没了就有了清朝。可是，我们仔细看历史就会了解到，曾经有过一段时间是元、明、清三朝并存的。没错，明朝好像取代了元朝，但是元朝并没有真正消失，蒙古人只是回到北方草原，仍然自称元。后来在元还苟延残喘而明朝也渐渐衰落的时候，东北的女真人已经建国叫清了。

更有趣的是，许倬云说："唐末西突厥余部移徙到今日的新疆，建立了喀喇汗国（黑汗国），并合了当地一些族群，成为内亚的大国。当地人称为'桃花石'。""桃花石"的意思是中国。也就是说，突厥到了内亚仍然叫中国。而"契丹的辽国灭亡，耶律大石率领残部西移，也在内亚建立了'西辽'，雄踞一方，号为强国。在宋元之际，亚洲腹地一般人的理解，世上有四个'桃花石'，一个是喀喇汗国，一个是西辽，一个是'秦'，亦即中国北部，一个是'蛮子'，亦即南宋统治的中国南部。"

这样一种观念跟今天中国人所理解的中国的含义非常不一样。在今天的中国人看来，当时就南宋一个中国，而当时人却认为南宋只不过是四个当中的一个。

（主讲　梁文道）

许倬云(Cho-yun Hsu,1930—),美籍华人,历史学家。祖籍江苏无锡,1948年随家人迁居台湾,在台湾大学接受本科和硕士教育,1962年获得美国芝加哥大学博士学位,现为美国匹兹堡大学历史学系荣休讲座教授、中国台湾"中央研究院"院士。著有《西周史》《汉代农业:早期中国农业经济的形成》《万古江河:中国历史文化的转折与开展》等数十部作品。

● 中国人与美国人的处世之道
——《天下与帝国：中美民族主体性比较研究》

> 至少在21世纪的前五十年，中美两个大国的关系决定了世界的命运：两国关系好，则世界太平；两国关系不好，冲突或对峙的话，世界就会动荡不安。

《天下与帝国：中美民族主体性比较研究》这本书听起来有点学术味，但其文笔是相当生动的。我在书店一看到这个书名就被吸引了，因为"天下"这个词，对于理解中国文化、中国人的民族性是一个很关键的词。如果我们对中国文化和西方文化有一些粗略了解的话，就会知道有一些中文词汇是很难准确地翻译成英文的，比如说"天下""朝廷""江湖"，但它们却体现了典型的中国人存在方式和思维方式。

《天下与帝国》这个书名很有意思，其中"天下"指的是中国,"帝国"指的是美国,而美国是西方文化的一个代表。作者江宁康先生是南京大学的教授,在美国康奈尔大学获得博士学位。这本书很有意思,我觉得它应该是有一些开创意义的。因为过去好像还没有人从"天下"与"帝国"这个角度,对中美两个民族的文化和民族性进行过比较。

这本书从六百年前郑和下西洋讲起,我觉得这是一个很好的引子。郑和下西洋那样壮丽的环球航海活动,居然没有给中国带来什么变化。而在五百年前,西方人的地理大发现是近代历史上一个里程碑式的事件。因为发现了美洲,欧洲人找到了一片新的天地,而整个资本主义的体系也就开始形成了。

这本书的引论叫"全球市场与文明冲突",这个题目已经把主旨表达出来了。

第一章叫"敬天意识与使命意识",说中国人敬天,而美国人带有使命意识,认为自己是上帝的选民。

第二章叫"民族意识与帝国意识",说中国人有中华民族的意识,而美国人更多的是有帝国意识;作者说很多美国人没有家乡的观念,而中国人很喜欢问人老家在什么地方。

第三章叫"历史意识与现实意识",里面反映出中国人保守传统的一面,以及美国人求变求新的一面。

第四章叫"今生意识与来世意识",这也是很有趣的一个对比。今生意识与来世意识的差异,不光存在于中国和美国之间,在中国和印度之间也是如此。中国人更重视今生、现实的利益,而美国人有来世的意识,但由此也带来一个灵肉两难的问题,即在信仰上帝的同时如何抑制人类贪婪的本性。这个问题在金融危机中已经看得非常清楚了。

第五章叫"变通意识与竞争意识",说美国人尊强好胜,而中国人更讲变通。中华民族能够历经数千年文明发展的历史屹立至今,而且出现了一个复兴的过程,显示中国传统文化当中有变通的一面,或者说是有工具理性的一面。中国文化有守旧的一面,但是也有变通的一面,否则中国在最近几十年怎么可能成为世界第二大经济体呢?但另一方面我们也看到,美利坚帝国可以称霸世界差不多一个世纪,美国人的竞争意识是一个很重要的原因。作者在书中分析了美国人的帝国心态和海上扩张的本能,以及"自我与上帝同在"的民族特性。

作者从这几个方面对比了中华民族和美利坚民族各自的特点,以及其长处和短处在哪里。这就引出了一个问题:中美两个国家的精英应该如何来面对彼此和相互沟通?因为大家都认为,至少在21世纪的前五十年,中美两个大国的关系决定了世界的命运:两国关系好,则世界太平;两国关系不好,冲突或对峙的话,世界就会动荡不安。从这个角度来说，了解中美两个国家的不同特性及其相处之道是非常有必要的。

作者认为中国是一个没有神学体系的国家，也就是中国没有全民化的宗教信仰，这点当然跟美国截然不同。作者认为中国人敬天事家，但我觉得"敬天"这个概念在今天的中国人心目中可能已经相当淡化了，比如食品安全问题，那些滥用添加剂、三聚氰胺等的商人和厂家已经没有良知了，何谈敬天呢？这是另外一个值得研究的问题。

作者引用了一位法国哲学家的话说，美利坚合众国实际上是世界上唯一的资本主义帝国。我觉得这个论断完全站得住脚，由此也想到另外一个问题：中国是一个什么样的国家？可不可以说，中国是世界上唯一至今仍然存在的非西方的大国？历史上其他非西方的大国早就烟消云散了，而中国的崛起现在正成为一个非常引人注目的现象。

（主讲　何亮亮）

江宁康，江苏南京人。美国康奈尔大学硕士、博士毕业，现为南京大学外国语学院教授、博士生导师。著有《美国当代文化阐释》《美国当代文学与美利坚民族认同》《美国文学经典与民族文化创新（1945—2010）》等作品。

拨开迷雾见杜甫

宇文所安还注意到一点，就是从前中国人研究文学史时，很喜欢把唐诗史看成是一个大诗人接着一个大诗人出现的时代，主要讲一代诗人与另一代诗人之间的关系。就异安诗一些创作背景，也是很快就连接到一些社会政治背景上，比如说安史之乱怎么样影响了杜甫的诗等。但是，宇文所安就会加入一种中层的观点，在诗人个人与国家政治这么大的一个背景中加入一部分，分析这些诗人平常为什么要写诗，他们写的诗是给谁看的，他们写诗是不是为在一种同行关系、当时文学界是不是有一些共同的看法和审美标准，加入这一层分析之后，看出来的东西就不一样了。

为什么唐诗里总是不断重复出现几种类型的诗，比如边塞诗、田园诗等？那是有一些常规，按此对诗跟写诗的场合有关的。那时候的诗人写诗跟今天不同，今天的诗人可能是因为真的有感而发，看到什么心里很有感觉，琢磨了一个晚上，然后把它写了出来。而唐朝的诗人写诗多半要看场合，没有那种场合通常就不写了，

● 跟着顾随在诗词领域跑野马
——《中国古典诗词感发》

> 一个哲学家在他状态最好的时候是个诗人,而一个诗人在他状态最好的时候应该是个哲学家。这个说法多奇怪!

我时常觉得自己读的书太少,所知有限,尤其是像中国古典文学这样庞大深远的领域,我知道的简直是少到连皮毛都不足以去形容了。比如《中国古典诗词感发》这本书出版后,一直被很多爱好文学的朋友谈论,大家看了都觉得简直如获至宝,这时候我才后知后觉地拿起来看,然后才发现作者顾随先生就是讲解中国古典诗词的大家叶嘉莹的老师。

顾随先生很特别,过去在北京大学读的是英文系,是一个典型的民国时期学人,也是一个中西贯通的大家。顾随先生的课启发了许多学子,比如说他任教于辅仁大学时,就教出了像叶嘉莹先生这样出色的弟子。20世纪90年代,大陆出版过他的好几本遗作,那些书也有很多人关注,而我直到今天才有机会见识到顾随先生的厉害。

很多朋友觉得《中国古典诗词感发》让人想起木心[①]的《文学回忆录》,但我觉得这两本书各有特点,不一定要强行拿来比较。不过,顾随先生和木心先生有一点是相同的,也不知道是不是他们那一代人上课的特征,即爱说到哪儿就是哪儿,真的是跟书名中的"感发"二字很配。所谓"感发"就是有感而发,上课时明明是要跟大家说一件事,说着说着就跑马跑远了。

叶嘉莹在《中国古典诗词感发》的序中说:"先生在其他方面之成就,往往尚有踪迹及规范的限制,而唯有先生之讲课则是纯以感发为主,全任神行,一空依傍。是我平

---

① 木心(1927—2011),本名孙璞,生于浙江省桐乡市乌镇,毕业于上海美术专科学校,画家、作家。1982年移居美国纽约,从事美术及文学创作,2006年回国定居。1989年至1994年间,曾在纽约为一小群中国艺术家讲述"世界文学史",由听课人轮流提供自家客厅,在座者有画家、舞蹈家、史家、雕刻家等。2013年出版的遗著《文学回忆录》(上、下册),乃根据画家陈丹青当年的听课笔记整理而成。

生所接触过的讲授诗词最能得其神髓,而且也最富于启发性的一位非常难得的好教师。"

顾随先生讲课,有时候讲了一个小时,说是要讲诗,居然连一句诗都没讲。叶嘉莹先生说,表面上看来都是闲话,实则所讲的正是最具启迪性的诗词中之精论妙义,就像禅宗说法所谓"不立文字,见性成佛"。

今天我们就跟着已故的顾随先生,在中国古典诗词领域里"跑点野马"。我看这本书时特别感兴趣的是讲韩愈那部分。因为以往我们一般不太把韩愈当成大诗人,讲到唐诗的时候,不会觉得他是一个特别出类拔萃的诗杰,一般人对他的诗也谈得不太多。但是,这本书里偏偏有一讲叫"退之诗说",顾随先生说:"韩退之非诗人,而是极好的写诗的人。"他引述了在日本很有名的学者小泉八云[①]的说法。

小泉八云是个怪人,本是个英国人,却跑到日本入了日本籍。小泉八云把诗人分成两种:一种叫诗人(Poet),

---

① 小泉八云(1850—1904),原名拉夫卡迪奥·赫恩(Lafcadio Hearn),爱尔兰裔日本作家。生于希腊,长于英法,19岁时到美国打工,后成为记者。1890年后在日本生活、讲课和写作,1896年加入日本国籍,从妻姓小泉,取名八云。写过不少向西方介绍日本和日本文化的书,是近代史上有名的日本通,现代怪谈文学的鼻祖。

一种叫诗匠（Poem maker）。顾随先生说，我不肯把韩愈叫作诗匠，但他又不算是诗人，不妨"名之曰Poem-writer，作诗者。盖作诗人甚难。但虽不作诗亦可成为诗人"。像韩愈这种人都不能叫诗人，因为在顾随先生的标准下，能叫诗人的恐怕很少，而诗匠很多，介乎两者之间就叫"作诗者"。

说完这个，你以为顾随先生要讲韩愈的诗了吧？不，他又开始说起中国文学尤其是在韵文中有两种风致，一种叫夷犹，一种叫锤炼。他讲韩愈的诗，本来是要我们欣赏和学习它如何锤炼，没想到一开讲"夷犹"就讲了好长一段时间。"夷犹"这个词，今天我们不太好理解了。按照一般的解释，我们是把"夷犹"当成"犹豫不决"的意思，但是很明显，这个词其实远远超出这个意思。顾随先生说"夷犹"有点像缥缈，但是中国文学不太能表现缥缈，所以最好说"夷犹"。

《楚辞·卜居》里面说"泛泛若水中之凫"。凫是一种水鸟，水鸟泛泛游的那个样子就是"夷犹"。水鸟在水中，如人在空气中。水鸟不用力就游不了水，但是，你要是说它很用力在游，又显得不太自然了。这种有点用力但又显得自然的状态叫自得，而自得就是"夷犹"。

顾随先生说了一大堆"夷犹"如何如何，中间忽然又谈到一些关于诗的观念，也是对很多喜欢文学、想写文字的人有所启发的。比如他说，形容词别用太多，太多了就不能给人真切印象。我想今天写官话、套话的人对这个大概心里有数。

他又说，有力的句子多为短句，且在字典上绝不会两字完全同义。要找恰当的字呢，用的是理智而不是感情，而且要懂得"观"。"观"是什么意思呢？当然就是观察。他后面又提到"观"必须有余裕，也就是孔子所说的"行有余力，则以学文"，力使尽了就不能观自己了，只注意使力就没有余裕来观了，诗人必须养成在任何匆忙境界中皆能有余裕。有余裕并非专写安闲，写景时亦须有余裕。悲极喜极感情真的时候，必须等这个激烈的情绪过去了，才有余裕回头看，然后才能写，否则作品一定失败。

老先生讲了半天，刚刚开始要讲锤炼，最后果然只拿一首韩愈的诗说了几句就结束了。大家想想看，当年叶嘉莹做学生的时候，老师是这样讲课的，她学到了很多东西。而今天的老师要是上课这么讲的话，肯定评分很低，而且还要挨骂。

我觉得这本书最独特的地方是，顾随先生对中国诗人的一些品评、判断是很好玩的。有些大家觉得很了不起的大诗人，比如李白，我发现老先生对他其实很不客气，几乎关于他的部分都是以批评为主。一般人都说李白写诗豪迈、有豪气，但顾随先生说："《将进酒》与《远别离》最可代表太白作风。太白诗第一有豪气，出于鲍照且驾而上之。但豪气不可靠，颇近于佛家所谓'无明'（即俗所谓'愚'）。"

李白的豪气介乎愚笨吗？顾随先生说："有豪气则易成为感情用事，感情虽非理智，而真正感情亦非豪气。因真正感情是充实的、沉着的，豪气则颇不充实、不沉着，易流于空虚、浮飘。"所以他比较喜欢杜甫。他举李白《江上吟》中的"功名富贵若长在，汉水亦应西北流"为例，这是很有名的句子，但他说汉水本向东南流，不向西北流，所以功名富贵不能长在，这两句诗很豪气，但不实在，只是手腕玩得好而已，乃是一种"花活"，并不好。

不仅如此，顾随先生还说这首很多人歌颂的《将进酒》不免俚俗。他说，李白、杜甫二人有趣的地方是，李白有时候流于俗，杜甫有时候流于粗疏。世上事凡是办得很容易、很畅快的，就很容易俗气了，所以李白有时候顺笔写去不免露出破绽。《将进酒》的结尾四句"五花马，千金裘，呼儿将出换美酒，与尔同销万古愁"太有名了是不是？每个中国人都知道。但是，顾随老先生告诫大家，初学者容易喜欢这种句子，问题是这种句子有劲但不可靠，夸大而没有内在力，实际上只是自欺欺人，原为保持自己尊严，久之乃成自欺，这是在麻醉自己追求心安。

我很喜欢王维，顾随先生对他还是颇为肯定的，但是也有很多批评，觉得他不如孟浩然。顾随先生对杜甫还比较认可，但在他心目中，中国最好的诗人恐怕是陶渊明。他还提到一些过去大家也觉得好的诗人，没想到他对他们的评价高成那个样子，甚至盖过了李白。比如初唐诗人王绩的《野望》这首诗，他在这本书里屡屡谈到它，说它这儿好那儿好。

我给大家举一些浅近的例子，来看看顾随老先生对诗的一些看法的独到之处。比如陈子昂的《登幽州台歌》："前不见古人，后不见来者。念天地之悠悠，独怆然而涕下。"顾随先生就跟评李白的诗一样的评法，好像是暗示这首诗也写得很俗，但是这个俗却又很好。他有句话很妙："唐人诗不避俗，自然不俗，俗亦不要紧。宋人避俗，而雅得比唐人俗得还俗。"这句话说得真好！

陈子昂这首诗怎么个好法呢？顾随先生说，它的用意很好。这个"意"，古人与今人所指不同，今人是指讲道理什么的。顾随先生说，世俗所谓"理"，都是区别人我是非，是相对的，是没有标准的，这时候大家就要辩论，而辩白常常不能让人心悦诚服。诗是可以说理的，但是不能说这种世俗相对之理，要说绝对之理。那么，这个世界上有绝对的真理吗？顾随先生说有。不分是非、善恶、好坏，超越这些东西的理就是最大的真实。真实未必是真理，而真理必是真实。我们在《登幽州台歌》中可以看到最大的真理，读了可将一切是非、善恶皆放下，所以说这首诗可为诗中用意之作品的代表作。

顾随先生说，诗中不但可以说理，而且还可以写出很珍贵、不朽的作品。其实，很高的哲学论文里面也有一派诗情。说理的文章也是可以写得很有诗意，不但有深厚的哲理，而且还有深厚的诗情，比如说《论语》，或者《庄子》里的《逍遥游》《养生主》《秋水》等篇。《论语·子罕》里的"子在川上曰：逝者如斯夫，不舍昼夜"，不但意味无穷，而且韵味无穷。顾随先生说，诗中可以说理，然必须使哲理、诗情打成一片。然后，老先生忽然来了句英文："A philosopher, in his best, is a poet; while a poet, in his best, is a philosopher." 意思是说，一个哲学家在他状态最好的时候是个诗人，而一个诗人在他状态最好的时候应该是个哲学家。这个说法多奇怪！

顾随先生说，诗人总该寂寞。这个我们也了解，大家都说诗人很寂寞。但是，你有这颗寂寞心，却要能够写出伟大的热闹的作品来。顾随先生谈到了小说，像《水浒传》

《红楼梦》等等都是作者晚年的作品。极穷困潦倒的时候,曹雪芹难道不寂寞吗?但他在寂寞的时候却写出了热闹的作品来。《红楼梦》是热闹,但热闹里面那种冷寂的感觉,大家完全能感受得到。有寂寞的心再去写热闹的作品,这样写出来的才是好作品。要是寂寞心老写寂寞的话,那就是枯寂,那就没意思了。

(主讲 梁文道)

顾随(1897—1960),本名顾宝随,河北清河县人,中国古典文学研究专家。1920年毕业于北京大学英文系后长期从事教育事业,曾在燕京大学、辅仁大学等校任教。"顾随讲坛实录"系列之上册《中国古典诗词感发》,乃根据辅仁大学国文系毕业生叶嘉莹20世纪40年代的听课笔记整理而成,另有中册《中国古典文心》(叶嘉莹笔记)和下册《中国经典原境界》(刘在昭笔记)。

● 汉学家品评盛唐诗

——《盛唐诗》

　　有时候我们要了解中国历史、中国古典文化，看一些西方汉学家写的作品会很有启发。因为他们身处不同文化、语言的背景下，会用一种陌生的眼光来看中国，因为有距离反而能看到一些我们自己没留心的东西。

有时候我们要了解中国历史、中国古典文化，看一些西方汉学家写的作品会很有启发。因为他们身处不同文化、语言的背景下，会用一种陌生的眼光来看中国，因为有距离反而能看到一些我们自己没留心的东西。二是西方的学术界长期以来自有一套学术传统，跟我们的不一样，能够整理出一些很系统、很扎实地谈中国文化、中国历史和中国政治的东西来。

就拿中国古典诗词来说吧，中国有传统的诗论、诗评，现在我们换个角度来看西方人是怎么看的。宇文所安是唐诗研究领域最有名的西方学者之一，《盛唐诗》是他很有名的代表作之一。这位在哈佛大学任教的汉学家，是研究中国诗词的大行家。他跟中国学者不一样的地方在于他代入了一些西方文学史上特别的角度关注。比如我们讲唐诗，一般会从初唐、盛唐、中唐、晚唐这么讲下来，未必会注意到"盛唐"这个观念其实很奇怪。在研究其他朝代的文学史时，我们通常就说初、中、晚三代，好像只有唐朝才特别强调"盛唐"这个概念。那么，这个如此光辉的、独一无二的"盛唐"到底是怎么来的呢？

宇文所安还注意到一点，就是以前中国人讲文学史时，很喜欢把唐诗史看成是一个大诗人接着一个大诗人出现的时代，主要讲一代诗人与另一代诗人之间的关系，就算要讲一些创作背景，也是很快就连接到一些社会政治背景上，比如说安史之乱怎么样影响了杜甫的诗等。但是，宇文所安就会加入一种中层的观点，在诗人个人与国家政治这么大的一个背景中加入一部分，分析这些诗人平常为什么要写诗，他们写的诗是给谁看的，他们写诗是不是存在一种同行关系，当时文学界是不是有一些常规，彼此对诗有一些共同的看法和审美标准。加入这一层分析之后，看出来的东西就不一样了。

为什么唐诗里总是不断重复出现几种类型的诗，比如边塞诗、田园诗等？那是跟写诗的场合有关的。那时候的诗人写诗跟今天不同，今天的诗人可能是因为真的有感而发，看到什么心里很有感觉，琢磨了一个晚上，然后把它写了出来。而唐朝的诗人写诗多半要看场合，没有那种场合通常就不写了。

有些场合特别古怪，比如说有人被贬了，被放到地方上当个小官，甚至被罢了官，那个人就会写点贬逐诗，送行的诗人朋友们、官员们也会写点诗。这类贬逐诗最有意思的地方是这个人被贬出去了，但读他诗的人可能还在京城，希望他能在这种诗里写一些在京城里不能写的内容，比如说他自己的伦理价值观，他的怀疑，他所遭受的强烈痛苦，甚至是他对当官感到的悔恨。

宇文所安认为盛唐诗的主体其实是京城诗，虽然京城诗不是一个完整的统一体，却具有惊人的牢固、一致、持续的文学标准。京城诗是什么呢？简单地讲，就是当时在长安或者洛阳的上流社会所创作和欣赏的社交诗和应制诗。那时候的诗不是像我们现在以为的是一个诗人独立的文学创作，很多人都会写诗，只不过有些人写得格外好，格外受重视而已。那么，他们写诗用来干什么呢？大家有没有注意到，中国古典诗词尤其是唐诗常常是你送给我、我送给你。当时诗人之间互赠诗是一种常见的行为，彼此表达一下我对你的感情，我对你的期盼，我对你的思念，我对你的问候和尊崇。

当时还有很多应制诗，有时候是宫廷开个大聚会，每人来一首诗，说说我们的皇帝多了不起、我们的王公贵族如何如何、这个盛宴搞得怎么样，当然都是歌颂的。有时候送别也要有应景诗，听完一场音乐会也写写诗吧……反正这类诗都是在一些固定的场合写的。

宇文所安还谈到盛唐诗一些很有意思的现象。他特别强调的一点是，公元7世纪末到8世纪初的时候，有很多事情改变了当时的诗坛，首先是诗歌写作被列入进士考试的科目，平民百姓也能靠写好诗来当官了，比如非常有名的宰相张九龄。如果写诗写得好还能当宰相，那么其他诗人也就会试图"以诗取仕"，比如李白、杜甫都是这么干的。如果有大官欣赏你的诗，你就能当官，这时候你就要去了解那个圈子的文化。那个圈子里的人，彼此都是相关的，其中有些人格外受到大家尊崇，比如王维。在盛唐年代，王维的地位其实高于李白和杜甫。在李白活着的年代，因为他的诗不是那个圈子里最典型的那种诗，所以不是太受重视，直到后来大家对他的评价才改变了，他的地位才越来越高，终于与杜甫一并坐上了盛唐诗里的第一把交椅。

盛唐诗的独特之处在于它开始打破固有的宫廷诗的一些格式和审美标准。其中最突出的诗人就是李白和杜甫，我们讲盛唐诗一般都会讲到这两大巨星。宇文所安认为李杜之所以成为巨星，恰恰在于他们的诗是非典型的，与当时的规范离得最远，做出了最大的革命和最大的改变。

那时候几乎每一种诗都是有模式的，李白出类拔萃在什么地方呢？杜甫在《饮中八仙歌》中写道："李白一斗诗百篇，长安市上酒家眠。天子呼来不上船，自称臣是酒中仙。"这首诗太有名了，李白的这个形象是全中国人都很熟悉的。宇文所安强调，唐朝诗人没有一个比得上李白那么竭尽全力去描绘和突出自己的个性。为什么后世的评论家拿李白跟杜甫比的时候，都说李白是学不来的，杜甫可能还学得来呢？宇文所安认为，李白不可仿效的真正原因就在于，他的诗歌主要谈的是他本人，他的目标是要通过诗中人物和隐蔽在诗歌后面的创作者来表现出独一无二的个性。

我们可以看到围绕李白的生平有很多的传说，有些甚至是他自己有意想去夸大的，或者说他不介意被夸大。比如说他少年时代好剑术，像前辈诗人陈子昂一样会耍剑，甚至还杀过人。这样一种豪迈的形象是他很喜欢的，而这种形象恰好在唐朝开元时期是受到欢迎的。当时就有这样一些豪迈的、率真的、狂妄的天才，比如像张旭这种文人形象就很流行。那么，李白是不是为此而去刻意经营自己的形象呢？有太多关于李白的传奇，其中有真有假，但是无论真假，我们好像都能在他的诗里得到一些印证。

我们来看看李白是怎么样在诗里热烈地谈到自己，要把自己突出的。宇文所安说，中国传统诗歌里并不缺少喝酒及时行乐的诗，但却从来没有一首像《将进酒》这样子以蓬勃的活力去说故事，它表面上说的是人应该好好喝酒，喝醉了好忘记世上的忧愁，但它还说了另外一件事，就是你得像我这样好好喝酒，不要吝惜金钱。这样就把注意力从主题本身引开，直接指向了抒情的主人公，传统主题只是他用来表现自己个性的一种形式而已。

李白诗的风格，大家觉得很特别，其实是因为它跟当时流行的京城诗那种圆熟的技巧不一样。李白的乐府诗大多采用不规则的音节格式，有时候一首诗会出现十二个音节，这跟当时的京城诗不一样。那个圈子的人写诗，有某种格调，有些类似的艺术手法。王维虽然很熟悉这一套东西，但他的诗也有所突破，而李白好像对这个不太熟悉，所以他的诗显得粗。我们一般讲孟浩然，会说是天子不赏识他，所以他很凄惨。但你有没有想过孟浩然命运不济，跟他的诗写得不合京城口味是不是有点关系呢？

说到不合规范，不能不谈杜甫。这听起来很奇怪对不对？人们一般都觉得杜甫是最严谨、最合规范的诗人，而且他大量参考了前人的东西，正所谓"无一字无来处"。但是，宇文所安说这是陈腔滥调，杜甫厉害之处就在于他的确非常熟悉写诗的传统，他很熟悉盛唐时期宫廷诗那一整套东西，但他又能够利用既有的模式将其化为己用。

比如他那首《望岳》："岱宗夫如何？齐鲁青未了。造化钟神秀，阴阳割昏晓。荡胸生层云，决眦入归鸟。会当凌绝顶，一览众山小。"这首诗非常有名，是杜甫早年的诗作。其实，这种登高而后有感悟的诗是当时一种常见的模式，但杜甫偏偏写的不是这样一个常见的层面，而是用了这样一个类似的结构，却写出了一种纵横古今天下的时空穿越感。这就是杜甫突破传统的地方。

（主讲　梁文道）

 宇文所安（Stephen Owen，1946— ），美国著名汉学家，擅长研究中国文学尤其是唐诗和比较诗学。1972年从耶鲁大学东亚系获得博士学位后留校任教，十年后转赴哈佛大学执教至今。著有《初唐诗》《盛唐诗》《中国"中世纪"的终结：中唐文学文化论集》《晚唐：九世纪中叶的中国诗歌（827—860）》等作品。

⦿ 拨开迷雾见杜甫

——《杜甫:中国最伟大的诗人》

> 从某种程度上说,这是一本用杜甫的生平当个案来讲唐朝历史的书。

我们今天觉得西方的汉学研究好像很厉害,其实曾经有一段时间,美国汉学界的很多学者对一些中国传统典籍的掌握就存在很大的缺陷,这时候就要仰仗一些中国学者的帮忙。而这些中国学者,有时候我觉得他们是备受委屈的,比如当年胡适在美国也不太受重用。因为存在种族歧视,就算你同样是在研究中国学问,你的位置总是比不上那些白人学者,尽管他们的基础功夫不如你,尽管他们在很多方面要仰仗你。还有一个重要人物也经历了这样比较凄惨的遭遇,那就是洪业先生。在我看来,洪业先生是一位汉学大师,他的学问完全不下于陈寅恪先生这样的大家。

洪业先生曾经在美国留过学,于1923年回国,做过燕京大学的历史系主任、文理学院院长、图书馆馆长,又于1946年去了美国,之后就一直留在那里。他在美国做了非常多很重要的基础工作,但他的身份只是哈佛燕京学社研究员而已,所以很多人常常为他抱不平,觉得他的学问没有得到大家的重视。洪业先生的一辈子真是有点凄惨。他们那一辈的中国学人经历过抗日战争,流落海外,最后客死异乡。我们当然能明白为什么洪业先生特别喜欢杜甫。

《杜甫:中国最伟大的诗人》可能是洪业先生一生中最得意的作品。这是一部忧患之作,也是一部发愤之作。这本书最早出的是英文版,现在这个中文版译得非常好。书后有一些附录,其中有一篇是"我怎样写杜甫",文中提到他写过一本书叫《杜诗引得》。"引得"即索引,这是洪业先生最在乎的学问。他把杜甫的诗一一做了索引,一字一物都有出处可考了。

那个时代不像现在有互联网这么方便,那时候要做学问,必须掌握一些基本的工具书。编写这种工具书就是洪业先生最大的学术功业,在今天看来有点过时了,但在那个时候太重要了。

洪业先生在《我怎样写杜甫》里说到一个经历：

"日军占据燕大之后，一大批师生陆续被捕；我和十一个教职员坐狱半年，虽也受过一生梦想所不及的侮辱，我反不觉愤怒；因为国家存亡既不成问题，个人生死无足重轻。

"记得有一天在洗澡池边，偶与邓之诚（文如）先生相逢。他低声问我，有何感想？我答谓：'今朝汉社稷，新数中兴年。'话虽这样说，我每念到中原克复，恐怕要在我瘐死之后，也不免惨然。有一天我向日军狱吏请求：让我家送一部《杜诗引得》或任何本子的杜诗一部入狱，让我阅看。这是因为我记得文天祥不肯投降胡元，在坐狱待杀的期间，曾集杜句，作了二百首的诗。我恐怕不能再有学术著作了。不如追步文山后尘，也借用杜句，留下一二百首写我生平的诗。可恨的日军，竟不许我的要求。可幸的我们虽都瘦得不像样子，甚至有病到快死的，竟都活着出狱。"

这段话今天读起来真是让人格外伤感难过。就是这样一个人，在这样的心境下读杜诗。但是要注意，由于这本书最初是哈佛大学出版社用英文出版的，是要介绍给西方非汉学专业的读者看的，虽然可以说它写得深入浅出，但深入处深到我觉得只有汉学家才有兴趣读，或者对汉学家来说才是最有用的一本书。

这本书是要让西方人了解杜甫到底是一个什么样的诗人，为什么大家说他是中国最伟大的诗人。这对今天中国的一般读者来说也是有用的。

洪业先生说："即使在今天的中国，当所有道德和文学的标准被抛进质疑和混淆之中，杜甫在人们心中的位置、他的魅力和他所受到的尊崇却依然如故未曾遭受挑战。一方面，那些主张绝对权力以维持现状的人士以杜甫为号召，因为他始终不渝地站在政府的立场上，毫不犹豫地反对叛乱。另一方面，那些支持流血革命的极端左翼人士也援引杜甫为例证，因为他描绘出了最为催人泪下的苦难场景，大声呼喊出对不公平现实的最为愤慨的谴责。

"一方面，研习文学的老派学生崇拜杜甫繁复典雅诗文中反映出来的渊博学识，那些词汇、典故来自于各种各样的历史和文学典籍，恰如其分地被用于他所要描写的主题和情境。他们痴迷于杜甫既能严格遵循不同诗歌体裁的格律，又能灵活变通地加以拗救处理。而另一方面，提倡打破旧习的学生，又为杜甫从形式和语言上大胆地涉及新内容而感到欢欣鼓舞。本国文学的鼓吹者指出，传统的文学语言束缚鲜活的情绪和创造性的思想，而杜甫常常使用方言俗语，由此他们骄傲地宣称杜甫是最早挑战僵死的文学传统语言的大师之一。"

为什么说杜甫了不起呢？因为无论你是什么立场，你都能找到称赞他、喜欢他的理由。那么，到底杜甫好在什么地方呢？这就是这本书要向西方读者和中国一般读者介绍的内容。除此之外，书中还有很多段子。

比如说两三百年来，西方人不是不知道杜甫这个诗人，但却流传着很多以讹传讹的事情。早在乾隆年间，就有一个传教士用法文写了一本《杜甫传》，里面胡凑瞎编了很多杜甫的生平。后来还有一个法国女诗人，声称她翻译的是杜诗，其中有很多诗却是她伪造的，她把杜甫写成是那种儿女情长的诗人。所以洪业这本书就是要告诉大家，西方人关于杜甫的有些说法是信不过的。

《大英百科全书》曾经邀请洪业先生撰写杜甫的条目，他很认真地写了一篇五百字以内规范的短文，没想到最后没被采用，而是用了另外一个西方学者写的东西。洪业先生很愤怒，不是因为没用他写的那段东西，而是《大英百科全书》新找的那个洋人学者写的东西充满谬误。

但问题是，不了解杜甫的何止西方人？对于杜甫的生平，有很多错误认识的何止西方学者，连中国人向来也是如此。所以洪业先生在这本书中对杜甫的生平做了很多重要的考证，虽然有些东西今天看起来好像是有定论了。我们知道20世纪80年代，中国学者陈贻焮①先生写过三卷本《杜甫评传》，号称是历来最全的、最严整的、最权威的一部杜甫评传，书中已经解决了很多问题。但是，我们今天再看洪业先生这本书仍然觉得有价值，因为有一些问题是他预先解决了的，而且书中始终带着他对杜甫那种独特的感情，他真的是太爱杜甫了。

《杜甫：中国最伟大的诗人》这本书以人为主，你可能会觉得如果对杜甫的生平未必很感兴趣，何必看它呢？那你就错了，因为你在书中可以看到洪业先生作为一个大历史学家的见识，他在给大家介绍杜甫的生平和一些诗歌写作的背景时，或者他用诗歌当作材料来写杜甫的生平时，常常会谈到唐朝的典章文物、政治局势、经济状况等大量知识。比如说我们对杜甫的印象是他好像穷困一辈子，但洪业先生说其实不是这样的，杜家几代人都当过官，是地方望族，不可能穷，日子过得不错。

他还做了一点经济史的小考证，让我们看看杜家大概有多少收入，为什么杜甫早年能够比较安逸地到处旅行。就算不了解安史之乱或者天宝年间那段历史的人，也能从书中看

---

① 陈贻焮（1924—2000），字一新，湖南新宁人，北京大学中文系教授。1947年入读北京大学国文系，毕业后留校任教。著有《杜甫评传》《唐诗论丛》《论诗杂著》等作品。

到那个时候国家的政治状况和安史之乱的过程。从某种程度上说，这是一本用杜甫的生平当个案来讲唐朝历史的书。

当然，这本书的主角仍然是杜甫。书中提供了关于杜甫的家庭状况、婚姻状况等各方面的一些考证，也是很重要的贡献。如果你对这种东西没兴趣，还能看到很多对杜甫名句的理解。比如"烽火连三月，家书抵万金"这句诗，今天我们觉得它好像是在形容任何家书都能抵万金，但其实不是这样的。洪业先生说，当时杜甫被困在长安，他的家人却在鄜州那边，他不晓得家人的状况如何，而且他离开家人的时候，太太就要生孩子了，也不知道生的是男孩还是女孩、母婴是否都还平安。在这种状况下，杜甫几个月才收到一封家书，难道不抵万金吗？了解这个背景以后，我们对这首诗的理解就有点不太一样了是不是？

洪业先生还说，当时政府军好不容易从叛军手上夺回了长安，唐肃宗准备要迎接逃到蜀地的父亲李隆基。书中讲到一个很有趣的信息传递状况：公元757年11月13日，长安决战，叛军大溃，消息于15日传到了凤翔皇帝行在，唐肃宗立刻派遣信使邀请太上皇返京，信使穿越了1100多千米的路程，于18日抵达了蜀郡。大家想想看，这是多么快的速度啊！哪怕是在战乱中，那个时候快马加鞭传信竟能快成这个样子。

当时杜甫到底有没有跟着唐肃宗一起回长安呢？这看起来好像无足轻重对不对？但是，经历过几乎整个国家快灭亡了、好不容易才战胜日本侵略者的洪业先生，觉得这件事不能轻易放过，他很看重杜甫到底有没有跟着皇帝凯旋。他说："爱国精神是杜甫性格中突出的一部分。在经受了这么多颠沛坎坷之后，757 年 12 月 8 日这一天对杜甫来说一定终生难忘。"他可以想象杜甫看到长安城前欢呼和哭泣的人群时是如何喜不自禁、老泪纵横。"接下来，太上皇于 758 年 1 月 16 日从蜀郡抵达长安。皇帝到京城外 12 英里处郊迎。当皇帝看见太上皇之后，立刻脱掉黄袍穿上紫袍。然后拜倒在地，抱住太上皇的双腿。父子俩都呜咽不自胜，在人群的欢呼声中，父亲坚持为儿子披上黄袍。第二天早上，在入城的行列中，皇帝亲自为父亲护卫前驱。太上皇对欢呼的人群说他此刻感到的荣耀远远超过他长期执政的时期。"洪业先生特别强调杜甫应该是参与了这些饱含泪水的欢乐场面。

　　从这本书的文字中，你可以看到洪业先生带着他个人深厚的感情和强大的史实考证能力，怎么样又精准又有想象力地去描绘杜甫这个中国最伟大的诗人，包括杜甫所见证过的那个时代和他非常值得纪念的一生。

（主讲　梁文道）

洪业（1893—1980），号煨莲，福建侯官（今闽侯县）人，史学家、教育家。1915年赴美留学，先后就读于俄亥俄卫斯理大学、哥伦比亚大学、纽约协和神学院，1923年回国后在燕京大学任教。1946年应哈佛大学之聘赴美讲学，留居美国直至逝世，其间曾任哈佛燕京学社研究员等职。著有《杜诗引得》《洪业论学集》等作品。

● 爱国诗像爱情诗一样动人

—— 《叶嘉莹说杜甫诗》

> 叶嘉莹先生认为杜甫最了不起的地方在于他写那种非常正规的、符合伦理规范的儒家道统的感情时,居然能够让人觉得不教条,不像口号,而且很感人。

杜甫为什么总被认为是中国最伟大的诗人?他到底伟大在什么地方呢?坦白讲,我小时候不是太明白。那时候被大人逼着背唐诗宋词,背来背去喜欢的恐怕没有几首是杜甫的。因为杜甫的杰作,尤其是号称中国诗歌史上最伟大的杰作之一——《秋兴八首》,我小时候根本搞不清楚那到底是怎么回事。随着我年纪慢慢大了,差不多过了40岁才开始对杜甫的诗有感觉,品出一种滋味来。很多经历过现代中国多灾多难、国破家亡困境的大学者、大文人，在读杜甫的诗时，都能读出一些不一样的感觉和味道。

叶嘉莹是顾随先生的弟子，是当今华人世界里向大家讲解中国诗词的一位最有名也是最有影响力的大家。她出过很多学术专著，除此之外，她的一些讲课笔记影响力更大，或者说名气更大。她讲了几十年课，早年的成名作《唐宋词十七讲》是很多人了解词这个体裁的入门书。后来她几乎把中国诗词史讲了个遍，那些讲课笔记陆续出版后，又让很多人从此登堂入室，了解到中国诗词的堂奥。

叶嘉莹先生讲诗词的功夫之厉害，是大家都晓得的。她讲杜甫是有底子的，以前她就写过一本很重要的著作叫《杜甫〈秋兴八首〉集说》，是对《秋兴八首》各代的注释专门做了一个详列和解析。《叶嘉莹说杜甫诗》是一本讲课记录，基本上是沿着杜甫的生平再对照着他的诗作来讲的，里面关注杜甫的诗多于关注他生平的考证。

杜甫跟李白有个完全不一样的地方是：李白的诗和他的生平都很迷幻，光是他的血统和出生地就很有争议，而他的诗也看不出跟他的日常生活或者他所处的时代有什么必然的联系；杜甫则不然，他的每一首诗几乎都能让我们看到他所处的环境，当时的社会是什么样的，他的家庭怎么样，他的心情如何，所以我们称他的诗为"诗史"，甚至有人把他的诗当成一个很重要的材料去研究唐代社会和民情的各种细节。因此，你要读杜甫的诗，就必须了解他的生平，而要了解他的生平，你就不能不了解他的诗。

大家都知道杜甫是唐代诗人里的一个集大成者。在杜甫那个年代，唐诗的各种体式已经齐备，他已经能够把它们完全地掌握在手中，而且还能开创出新局。杜甫跟李白的不同，历来是文人们最喜欢谈的话题之一。杜甫跟李白的区别在哪儿呢？叶嘉莹先生说，李白虽然打破了形式上的格律，但是他保持了本质上的平衡，在破坏中有建设。杜甫则是把笼子改进了，在严格的形式中赋予多种的变化，他张开翅膀往这边一推，可以把这边的笼子推出去，张开翅膀往那边一推，也可以把那边的笼子推出去，从而在笼中随心所欲地施展。

但是，这还不是杜甫最让叶嘉莹先生动心的地方。她提到一点很有意思。她说浪漫的爱情诗，很多诗人都可以写得很真挚，比如写自己喜欢老婆的妹妹等不伦之恋，写得尤为情真意切，非常动人。

杜甫则是写自己对国家、对苍生的爱，写理想，写家庭，居然也能写到像写私情一样动人的地步，这个不简单。爱情小说很多人看了会觉得很浪漫、很凄美、很心痛，而那些歌颂当今圣上如何圣明的作品，看了一般会觉得很肉麻。没想到杜甫居然写这个,而且他把合乎伦理道德的感情写得跟李商隐那种不被社会伦理允许的感情一样真挚深刻,甚至比李商隐写得更真挚深刻,更具有感动人的力量,这就是杜甫的伟大之处。

叶嘉莹先生作为一个经历过抗战的老一辈学人,讲解杜甫一生患难中的那种真挚感情时,当然就更能让我们感到其中每一字每一句的那种悲痛、泪痕或者偶尔的欢笑。

叶嘉莹先生认为杜甫最了不起的地方在于他在写那种非常正规的、符合伦理规范的儒家道统的感情时,居然能够让人觉得不教条,不像口号,而且很感人。这当然需要有真挚的感情,不是虚假的,不是那种应付场面的,而是他真的喜欢。但是,真挚的感情如果缺乏一定的技巧、才华和见识,写出来仍然会让人嫌恶,觉得很厌烦。一个人有时候真心爱国,写的一些爱国的歌词和诗却让人觉得很肉麻。但是杜甫不同,因为他真的有本事。

说到杜甫的本事,我们就要研究他写作诗词的技巧。历来要先讲中国诗词的各种体制和一些规律,而这方面有点技术性,对一般年轻读者来讲或许有点困难。叶嘉莹先生之所以是最好的诗词老师,就是因为她能把很多东西讲解得非常浅近,又像她的老师顾随先生一样有很多的感发随手而至，还能把诗词中牵涉到的很多典故和一些基本的文史知识信手拈来贯穿其中。这就是为什么很多人读她的书总觉得好像上了一堂中国文化通识课一样。

我们来看看叶嘉莹先生怎么来讲解杜甫的诗吧。杜甫有一首诗叫《哀江头》，讲的是安史之乱的时候，他被叛军抓住了，被困在长安，但他一心想逃到新皇帝唐肃宗所在地。诗一开头就说"少陵野老吞声哭，春日潜行曲江曲"，写诗人那种忍气吞声的哀痛，在曲江边偷偷行走。叶嘉莹先生特别强调要注意这句诗的读音。今天用广东话念这句诗的时候，会发现"k""q"字尾都是往内吞进去的，完全把诗人那种隐忍的感觉写出来了。

以前唐玄宗还在长安的时候，一到春天就在曲江大搞赏花宴会。这有点像今天日本人喜欢赏樱花，是唐朝的一种风尚。什么花开了，满城的人都出来赏花，在树下搞聚会，很快活。国破家亡的时候看到春天的美景，吞声哭的杜甫就想起了过去，于是就开始写过去真的是非常美好。

他回忆起唐玄宗还在的时候那种景象，大家出来赏花很快乐，有宫女随侍，杨贵妃也玩得很欢，说她是"昭阳殿里第一人，同辇随君侍君侧"。请注意，"同辇随君侍君侧"单独看会觉得有点问题，一句话里怎么说了"随君"又说"侍君侧"，好像有一点重复，有点多余，不像出自大诗人的手笔。但叶嘉莹先生说,这句看似叠床架屋,却把杨贵妃得到唐玄宗宠爱的那种情形写到了极点。有时候我们讲文学作品的"作法",那其实是最笨的办法。只要你所写的真的能够传达你自己的感发,你怎么写都好,有时候这种感发的力量正是要靠叠床架屋才能表现出来的。

杜甫接下来写到当时皇帝身边有一些宫女在表演射箭,"翻身向天仰射云,一笑正坠双飞翼"。你看他不是写"仰射鸟",那多笨啊,"仰射云"这个姿态多么潇洒,而且一笑之间就是一箭双雕。你看他写得多么漂亮,简直是步步高,但是忽然有一个转折下来了,有一种"笔挽千钧"的力量。到了最高点的时候,两只鸟掉了下来,也有人说是指唐玄宗和杨贵妃一起掉了下来。美好到了顶点的时候忽然掉了下来,"明眸皓齿今何在?血污游魂归不得"。然后,诗人再悲凉地慢慢结束这首诗。写得多好是不是?

谈杜甫的时候,叶嘉莹先生总是不忘谈到苏东坡。为什么呢?我们说要看一个人是什么样的人,尤其要看他在患难中是怎么样做的。

杜甫在患难中仍然不改他对黎民苍生、朝廷社稷的忠贞、热爱和忧患。苏东坡则是被新党贬走之后,旧党上来又不满他同情新党,大家都讨厌他,他一辈子就被贬来贬去,但他每次都旷达如海阔天空。这就是为什么这些大文人在中国历史上备受尊重的缘故，因为大家都知道他们在患难中的表现。

（主讲　梁文道）

　　叶嘉莹（1924— ），号迦陵，中国古典文学研究专家。1924年出生于北京一个书香世家，1945年毕业于辅仁大学国文系，1948年随丈夫迁居台湾。曾在中国台湾、美国、加拿大等地的高校任教，并当选为加拿大皇家学会院士。20世纪70年代末开始返大陆讲学，现任南开大学中华古典文化研究所所长、中央文史研究馆馆员。著有《杜甫〈秋兴八首〉集说》《唐宋词十七讲》等作品。

● 日本汉学家异口读杜诗

——《读杜札记》

> 杜甫非常勇敢地突破了当时诗歌原有题材的限制，用它来表达自己对这个社会的看法，而且这个看法表露得如此直接、如此勇敢。

中华文化曾经是一种世界性的文明，而大唐帝国曾经也是一个世界性的帝国，因此唐诗在东亚地区有着非常独特的地位。比如说杜甫，南起越南，北至日本，他曾经是当地百姓或者至少是文人阶层最熟悉的诗人之一。尤其是在日本，甚至到了今天，杜甫都还可以说是家喻户晓的人物。

日本已故汉学大师吉川幸次郎就特别痴迷杜甫。吉川幸次郎是一个非常有意思的人物，他是日本汉学界非常有名的京都学派的第二代传人,也就是内藤湖南[①]那一辈人的弟子。京都学派的汉学可谓真汉学,因为当年国学大师罗振玉、王国维到京都的时候,跟京都学派的人有过交往,清朝最盛行的那种严谨、扎实的治学风气也就影响了这帮人。吉川幸次郎就是在这样一种环境氛围里成长起来的。

吉川幸次郎不仅到北京大学留过学,还很热爱中国,热爱到干脆想把自己当作中国人的程度。回到日本后,他继续穿长袍。日本人爱吃清淡的日式料理,而他喜欢口味浓重的中华料理。最妙的是他上课的情形。过去日本人读中国古籍的时候,不是用中国的普通话或者其他方言来发音,而是用训读法,也就是用一个意思相当的日文来读这个汉字。

吉川幸次郎这帮京都学派的学者觉得这种读法很不对劲,说这样不行,必须用汉音来读,也就是所谓音读法。因此,上他课的那些日本学生必须有相当好的中文基础才行。不止这样,他在上课或者开研讨会的时候,甚至跟他

[①] 内藤湖南(1866—1934)即内藤虎次郎,日本中国学京都学派创始人之一。早年当过小学教师、记者,1907年受聘于京都帝国大学,担当东洋史学科的学术带头人。与同事狩野直喜、小川琢治等人一起创建了京都学派,注重实证主义的治学精神,尽量真实地、中国式地理解和研究中国的治学志趣。

的日本学生或者同行说贵国如何、吾国如何,而这个"贵国"是指日本,"吾国"是指中国。居然有痴迷中国到这种程度的人!二战的时候,因为他是亲华派,所以被日本的秘密警察软禁起来监视。

《读杜札记》不是一本严格的学术论著,更像是向一般读者介绍杜甫的生平和他的诗作的书,里面没有太多的注释,不知道是不是被译者省略了。这么有名的一位大学者写给日本普通读者看的一本札记,在中国人看来也是很有意思的。书里有一段分析我觉得很有趣。杜甫早年有首诗叫《壮游》,里面有两句诗是"东下姑苏台,已具浮海航;到今有遗恨,不得穷扶桑"。

很多人说杜甫当年已经到了姑苏边,想东渡扶桑,也就是坐船去日本,后来没有去成。一般都这么来理解这两句诗,没想到身为日本人的吉川幸次郎反而强调说,此处的"扶桑"不是指日本。他把"不得穷扶桑"理解为没有到东方的扶桑之木,因此诗人抱憾终生,而这样的描写更能显出诗歌的夸张性。他说,当时以阿倍仲麻吕为首的日本人到唐朝留学的现象还较为罕见,所以杜甫心中并没有日本这个国家的概念。当然,他这个说法也是有争议的。

吉川幸次郎为什么那么喜欢杜甫呢?他说,因为杜甫跟李白比起来,总是在创造新的领域。杜甫熟悉文学世界的本质，并且对此有新的发现，而又纵横于诗坛。吉川幸次郎特别喜欢杜甫的七言古诗。在中国诗歌的形式上，七言古诗是最自由的一种，可以用它来写社会百态。

在杜甫之前，七言古诗或者各种歌行经常被用来写各种儿女情长的东西，但是在杜甫笔下，却能够写出像《兵车行》这样的诗来。当然，这种对士兵表示同情的诗歌在杜甫之前已经存在，只是没有人像杜甫这样写。

杜甫不是在想象，好像是很写实地让你看到眼前这些出征的士兵妻离子散、埋骨域外，再也回不了家的那种悲痛。然后他仿佛是直接在跟士兵对话："长者虽有问，役夫敢申恨？"这是士兵对他的回答，说您虽然特意询问我们出征的情况，但是我们这些当兵服役的人又哪里敢跟您诉说我们的痛苦呢？由此可见，杜甫非常勇敢地突破了当时诗歌原有题材的限制，用它来表达自己对这个社会的看法，而且这个看法表露得如此直接、如此勇敢。

《读杜札记》还有一些好玩儿的地方，比如说里面有两篇特别谈到杨贵妃，因为日本人对杨贵妃也特别着迷，也写过很多谈唐明皇与杨贵妃的文学作品。你看过这本书就知道，中国人眼中的安史之乱或者杨贵妃原来跟日本人的看法大不相同。这也是很有趣的比较文化。

（主讲　梁文道）

吉川幸次郎（1904—1980），出生于日本神户，中国文学和历史研究专家。1926年毕业于京都帝国大学中国哲学文学科，1928年到北京大学留学，1931年回日本后到母校任教。1947年获得京都大学文学博士学位，1967年在京都大学人文科学研究所所长任内退休，改聘为名誉教授。出版有《吉川幸次郎全集》（二十七卷）。

家屋，自我的一面镜子

巴西的首都巴西利亚曾经是世界上很多建筑师、城市规划师梦想去设计的一个城市。你看当年巴西政府多大的手笔啊，避开传统的大城市里的脏乱差，全部穿等，专门跑到马孙西林里找出这么一块地方，砍掉树木，填掉沼泽，全新盖起一座大城市。巴西利亚几乎完全是一座几何放射形状的城市，有规划得非常完整又漂亮的现代建筑物，大家都觉得这座城市美极了。但是很可惜，直到今天，巴西利亚依然显示不出一座大城市应有的活力，甚至问题丛生。这到底是为什么呢？

今天中国很多地方的城市看起来都很像，环回旗处、中间有一个岛、岛上竖着一些纪念碑，然后看到政府大楼都盖得又漂亮又高大、街道也都非常宽。你不晓得为什么一个很小的县城的街道也很宽，它们都很迷信一种现代城市的设计方式。我推倒这个迷信的人走一个加拿大老太简·雅各布斯。她已于2006年去世了，《美国大城市的死与生》是她于

● 城市功能分区问题丛生

——《美国大城市的死与生》

简·雅各布斯认为以前那种老式的、没有经过规划的、由下而上的、由民间自发组建发展起来的城市，才是一种很好的城市。

巴西的首都巴西利亚曾经是世界上很多建筑师、城市规划师都梦想去设计的一个城市。你看当年巴西政府多大的手笔啊，避开传统的大城市里约热内卢、圣保罗等，专门跑到亚马孙雨林里找出这么一块地方，砍掉树木，填掉沼泽，建起一座全新的大城市。巴西利亚几乎完全是一座几何放射形状的城市，有规划得非常完整又漂亮的现代建筑物，大家都觉得这座城市美极了。但是很可惜，直到今天，巴西利亚依然显示不出一座大城市应有的活力，甚至问题丛生。这到底是为什么呢？

今天中国很多地方的城市看起来都很像，你总是在进城之前先看到一个大的圆环回旋处，中间有一个岛，岛上竖着一些纪念碑，然后看到政府大楼都盖得漂亮又高大，街道也都非常宽。你不晓得为什么一个很小的县城的街道也很宽。它们都很迷信一种现代城市的设计方式，而推倒这种迷信的人是一个加拿大老太太——简·雅各布斯。她已于2006年去世了，《美国大城市的死与生》是她于1961年出版的一部城市学史上的经典著作。我大致翻过这本书的中文版，觉得翻译得挺忠实，非常不错。大家千万不要以为这是一部讲城市规划的经典之作，一定很难啃，其实完全不是这回事，一般读者也能随便拿起来阅读。

书中提到纽约有一个地方叫"晨边高地"："从规划理论的角度看，这个地区根本不应该有问题，因为它拥有大片的公园区、校园区、游乐休憩场以及其他空旷场地。这里有足够多的草地，还拥有一块舒适的高地，有着壮观的河流景观。这里是一个著名的教育中心，有着辉煌的大学——哥伦比亚大学、联合神学院、朱丽亚音乐学校以及其他六七个闻名遐迩的学校，还集结了众多一流医院和教堂。这儿没有工业。这儿的街道大致分成几块，以避免侵入那些坚实、宽敞的中上阶层房屋的私人领域，造成'不和谐的用途'。"

这听起来应该是一个很整齐、很漂亮的地方。但是凡是在纽约住过的人都知道，哥伦比亚大学附近的这个地方有点像个罪恶渊薮，非常多的罪案在这里发生。为什么会闹成这个样子呢？其实，这个地方还不算糟，更糟的是纽约曼哈顿的华尔街。像华尔街这种地方，现在全世界很多大城市都在复制它，很多中国城市都希望自己也有这样一个金融商业区。金融商业区通常有笔直的大街、漂亮的现代化楼房，但是，为什么我们会觉得这种地方没有生命力，甚至治安会很糟呢？

简·雅各布斯在20世纪60年代写出这样一本书，对当时的很多人来讲完全是异类。当时人们相信现代的城市就是最好的城市，相信城市功能分区就是最好的设计。一个城市里，商业区就是商业区，住宅区就是住宅区，工业区就是工业区，休闲区就是休闲区，分得清清楚楚，互不干扰，这不是挺好吗？错了，这当然有问题。像华尔街那种金融中心区，一到下班时间就毫无人烟，像鬼域一样。

你别看这种地方很现代化，却肯定是最容易发生罪案的地方。就算不发生罪案，你走在里面也会充满恐惧感。此外，如果整座城市都按照功能分区的话，还会带来另一个问题。比如今天的北京或者其他很多地方，上下班通勤就会造成城市的瘫痪，交通的拥堵程度大家都感受到了。

那么，什么样的城市才叫好的城市呢？简·雅各布斯认为以前那种老式的、没有经过规划的、由下而上的、由民间自发组建发展起来的城市，才是一种很好的城市。

这本书里有一个例子，已经成为一个经典的段落。简·雅各布斯说她家附近有一个糖果店的老板叫伯尼，在一个平常的冬天早上，"他在朝向四十一公立学校路边的一个拐角处指导一些小孩子们横穿马路，这是他经常做的一件事，因为他觉得此事非常有必要。他将一把雨伞借给一个顾客，借一元钱给另一位顾客，接过了别人要求保管的两把钥匙，让隔壁楼里要外出的几个人把他们的几件行李搁在他店里，教训了两个问他要香烟的年轻人几句，又为几个人指路，替另外一个人保管一块表，以便晚些时候街对面的修理匠开门时把表给他，告诉几个打听租房的人有关在这个街区租房的各种价格的信息，倾听一个人向他叙述他家中发生的困难事，给对方很多安慰，正告几个小混混，他们不能到这个地方来，除非他们表现良好，并且告诉他们什么是良好的行为,为到他店里来买一些小商品的顾客提供进行六七场谈话的临时场所,为那些常来的顾客分理新到的报纸和杂志,他们会来这里取这些报刊,向一位来买生日礼物的母亲建议不要买那种船模型,因为一个去参加同样生日晚会的孩子会拿出这样一份礼物,在送报人到来时,从多余的报纸里找出一份前几天的过期报纸(这是给我准备的)"。

这个段落听起来平平无奇,是很多街巷里那种便民商店的老板大概都会干的事,有什么了不起呢?我们仔细分析一下,这个糖果店的老板是不是身兼城管的角色呢?他负责了这个地方的安保。一个街道如果日夜都有人的话,反而是安全的。这个糖果店的老板还为人家提供了情绪顾问的服务。你家出问题,他就帮你解决。你需要临时找人看一个小孩,他就帮你看顾一下。这是一个传统的社区才有的现象。

传统的社区是一种有机的社区,人与人之间形成一个很密切的社区网络。我们要规划一个城市,就应该由下而上出发去建立这个网络。

(主讲 梁文道)

简·雅各布斯（Jane Jacobs，1916—2006），出生于美国宾夕法尼亚州，1974年成为加拿大公民。早年做过速记员、自由撰稿人、记者等，1952年至1962年在美国《建筑论坛》杂志工作，对传统的城市规划观念提出质疑。1968年移居加拿大多伦多，曾担任城市规划与居住政策改革的顾问。著有《城市经济学》《城市与国家的财富》《生存系统》《美国大城市的死与生》等作品。

● 争议建筑往往成了经典之作

——《视觉冲击：美国文化中的艺术争议史》

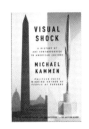

    每个艺术家都应坚持自己的理念，在别人咒骂或者批评的时候，要坚持下来，不要退缩。

  现在城市里有很多建筑一开始都引起一些反响，甚至是批评或者拒绝，但是后来因为这些分歧反而变得更加有名。比如2000年的时候，法国人安德鲁①设计的中国国家大剧院刚刚破土动工，就引发了很多责难。有人认为中国

---

① 保罗·安德鲁（Paul Andreu，1938—2018），法国著名建筑师，曾负责设计巴黎戴高乐机场、上海浦东国际机场、广州新体育馆等大型建筑。在中国国家大剧院的国际招标中，他领导的巴黎机场公司设计团队与清华大学合作，设计方案于1999年中标，但在造价、外观等方面一度引起争议。

的建筑不应该是这个样子，安德鲁设计的东西与天安门周围所有的建筑风格都不相符，破坏了中国建筑的风貌。但是，中国国家大剧院2007年竣工后，到目前为止是相当成功的。我们看到天安门广场附近这么一个建筑，事实上已经成为北京一个非常现代化的地标，再也没有多少人说它不伦不类了。

北京还有一个比较著名的例子，就是中央电视台总部大楼。很多人曾经用各种各样的名称来形容它，比如"大裤衩"，但是后来争论越来越少。时间长了以后，"大裤衩"也有可能成为北京一个非常重要的建筑。

实际上，只要一座城市有历史和文化，在建设中就会有很多负担，特别是要创新的时候，总是要在传统与现代之间进行平衡。但是，如何平衡也是一个很大的包袱，设计者、决策者等都会面临很大的压力。

不止北京如此，巴黎也是一样。20世纪80年代，美国著名华裔建筑大师贝聿铭[①]先生给卢浮宫设计了一座玻

---

① 贝聿铭（Ieoh Ming Pei，1917—2019），美籍华人建筑师。20世纪80年代初，法国总统密特朗决定扩建卢浮宫，贝聿铭的设计方案获选。贝聿铭要用现代建筑材料在卢浮宫的拿破仑庭院内建造一座玻璃金字塔，当时遭到九成的巴黎民众反对，认为会"既毁了卢浮宫又毁了金字塔"。但是，玻璃金字塔建成后备受赞誉，被誉为"卢浮宫院内飞来了一颗巨大的宝石"。

璃金字塔。这个方案出来以后，法国人一片哗然，说金字塔本来就不是法国的，设计师也不是法国人，而是一个美籍华人，这样的东西他们没办法接受。因为法国在文化方面特别是建筑方面非常有自豪感，很难接受外来的东西。在各种各样的压力之下，特别是法国总统密特朗面临非常大的政治压力，但他还是坚持要采用贝聿铭的方案，最后这个方案被保留下来了。我记得当时有很多的报道，比如贝聿铭走在巴黎街头的时候，很多人都骂他，说你滚回去，把你的金字塔带回中国去。其实，贝聿铭已经不是中国公民了，但法国人就用这种方式来侮辱他，甚至有人朝他脚下吐唾沫。但是，当玻璃金字塔建起来之后，法国的主流媒体本来一致批评他，转而一致赞赏他，说这个金字塔实在太美了。

这是法国的情况，美国也是一样。美国很多的建筑，包括一些纪念碑、雕塑等，一开始都引发过争议。比如现在很多人都去过的越战纪念碑，其实就是一道矮矮的墙，用黑色的花岗岩造成，上面密密麻麻刻着在越战中牺牲的美国士兵的名字。这个方案当时也引起很多人的反对。

它的设计者是当时在耶鲁大学建筑学院念书的 21 岁华

裔女孩林璎①。她参加了越战纪念碑的设计比赛，在一千多件作品中脱颖而出。但是，她的作品被选上之后，美国的舆论界、艺术界包括国会一直都不太同意，后来成了一个政治话题。最后美国内政部做出一个决定，说如果要保留这样一个设计的话，就必须做一个平衡，要在纪念墙中间竖立一座雕塑。那座雕塑，也就是现在大家看到的三个美国士兵雕像。

当然，从林璎的角度来看，她认为她的设计是最有内涵的，如果把这种非常写实的雕塑放在门口的话，是很不匹配的。但是，她最后还是接受了这种平衡的做法。2010年，奥巴马在白宫亲自为林璎颁发了美国国家艺术勋章。这充分说明了她的作品已经受到官方的肯定，也受到全美的肯定。美国前国务卿基辛格也说过这样的话："全美各地大大小小数百座纪念碑中，再没有比越战纪念碑更能体现

---

① 林璎（Maya Ying Lin，1959— ），美籍华裔建筑师、艺术家，祖籍福建省闽侯县，林徽因的侄女。1981年，时为耶鲁大学建筑学院四年级学生的她所设计的越战纪念碑方案在一千多件应征作品中脱颖而出，却因设计理念、亚裔身份等因素遭到越战老兵和保守派猛烈抨击。1982年越战纪念碑建成后，成为最受美国人喜欢的建筑之一。如今她的作品遍布美国各地，而她本人也获得美国国家艺术勋章、总统自由勋章等诸多荣誉，被评为美国最具影响力的亚裔人士之一。

美国的政治性和政治力量了。"这个评价是非常高的。

除了越战纪念碑之外,美国还有很多重要的纪念性建筑都受到过很多的批评,其中包括林肯纪念堂、华盛顿纪念碑等,但它们的设计方案一旦坚持下来,后来都成了历史文化遗产。也就是说,一些艺术作品刚开始的时候容易引起争议,这时候如果放弃的话,很可能会非常可惜。

艺术作品引起争议是否必然就是一个消极的现象呢?其实不然。是不是要避免呢?其实没必要。争议可能会导致人们所不愿意看到的结果,但是,争议本身其实就是一种启发,就是一种教育,或者至少能够触动一些人的思维定式,甚至可以改变他们原来的一些想法。实际上,艺术作品的价值之一,就是它有可能使很多人在感官上很难接受它,会产生一些歧见,而这也是艺术作品应产生的效果之一。正是因为它能够触动你的灵魂和感官,这个作品才更有意义。如果我们看到一些艺术作品时,比如绘画、雕塑等,一点感觉或反应都没有,那它不一定是好作品。

《视觉冲击:美国文化中的艺术争议史》(*Visual Shock: A History of Art Controversies in American Culture*)这本书,谈到世界上尤其是美国一些建筑刚开始如何引起争议,但它们最后都成了经典的作品,都成了非常珍贵的文化艺术品。这本书通过这些事例告诉我们,每个艺术家都应坚持自己的理念,在别人咒骂或者批评的时候,要坚持下来,不要退缩。

(主讲 杜平)

迈克尔·卡曼(Michael Kammen,1936—2013),美国历史学家,专擅美国文化史研究。哈佛大学历史学博士,自1965年起执教于康奈尔大学历史系,直至2008年荣休。著作 *People of Paradox*:*An Inquiry Concerning the Origins of American Civilization* 获1973年普利策历史奖,另著有 *A Machine That Would Go of Itself*:*The Constitution in American Culture* 等诸多作品。

● 贫民窟化的黑暗前景

——《布满贫民窟的星球》

到 2020 年,每一个城市的居民里,大概有 45% 到 50% 的人属于贫困人口。到 2030 年,全球住在城市贫民窟里的人将达到 20 亿。

曾经一度流行的现代主义城市规划,就是把城市设计得像个大棋盘,或者一层一层的圆环,规规矩矩的,符合一种几何秩序,看起来很漂亮。我们现代人对城市还有另一种想象,觉得城市应该是个光明璀璨的地方,是个不夜之城,充满了各种摩登的商品,在城里生活应该是最舒适、最现代化的。比如 19 世纪末号称"光明之城"的巴黎,几乎是今天所有人对现代大都会的想象的一个原点。虽然后来巴黎被伦敦和纽约超过了,但大家依然觉得它是那种有魅力的现代城市的一个原型。

迈克·戴维斯是美国很有名的都市社会学家，1990年曾出版过一本名著叫《水晶之城：窥探洛杉矶的未来》(City of Quartz: Excavating the Future in Los Angeles)。他在这本书里预言洛杉矶迟早会出现种族问题，而且会愈演愈烈。果然，1992年洛杉矶就发生了暴动，然后他就声名鹊起。2006年，他又出版了一本书叫《布满贫民窟的星球》(Planet of Slums: Urban Involution and the Informal Working Class)，预言未来的地球会是个贫民窟星球。

这个说法有什么根据呢？大家知道2006年是很重要的一年，因为这一年住在都市里的人口超过了住在农村里的人口，这是人类有史以来第一次。根据迈克·戴维斯掌握的数据，到2015年，全世界拥有100万以上人口的城市至少有550个。其中有一种城市叫作"超大城市"，拥有2000万以上的人口。据估计，到2025年，光是亚洲可能就有10个到11个超大城市，比如雅加达、达卡、卡拉奇，当然还有上海。

城市化的速度快成这个样子，这是人类历史上从未有过的。城市的规模变成这么大，是不是意味着我们的未来一片美好，全球都是光明城市呢？当然不是。我们来看另一组数据。今天我们都知道在全球化的影响下，全球贫富差距越来越大，贫困人口也越来越多。到2020年，每一个城市的居民里，大概有45%到50%的人属于贫困人口。到2030年，全球住在城市贫民窟里的人将达到20亿。

为什么我们未来的城市会破乱成这个样子？其实原因很简单，大家有空到某些比较偏远的地方去看一看就理解了。现在很多农村都空洞化了，都在败落，一个村子原来住几百人，现在可能只剩下十几户老人家。为什么呢？村子里住不下去了，种地养不活人了。种地为什么养不活人呢？这也跟全球化有关。面对欧美国家机械化农场的竞争、贸易壁垒和政府补贴，发展中国家的农民根本没办法再靠种田为生，于是被迫涌到城市。那么大规模的人口流动，城市怎么消化得了？

这本书提到，在1990年到1997年北京城的改造过程中，总共迁出100万人口。现在很多城市为了要盖很漂亮的CBD、大楼、大剧院，或者很庞大的政府部门、中心地带，常常把原来住在城中心的贫困居民迁移到外围。这些居民被拆迁了，或者再也负担不起原来住的地方了。

大家想想看，一边是城市居民往外走，一边是农村居民往里涌，大伙儿就聚集在城市周边，形成一个很庞大的贫民窟。这种地方不一定是在城郊，有时候是在一个偏远的州或者省份里面，处于城市与农村的中间地带。有些县城就有这样的现象，它们有城市人口的密度，但是没有城市的基础建设，住在里面的人生活习惯完全是农村的。换句话说，这种地方既不是城市又不是农村，叫作"夹缝城市"（in-between city）。这样一种状态是很可怕的，大伙儿在里面不知道靠什么谋生才好。

迈克·戴维斯特地采访过马尼拉，那里有个很有名的"景点"叫垃圾山。很多废弃的垃圾被堆到马尼拉郊外，然后很多在农村活不下去又在城里找不到工作的贫民就住在垃圾山旁边，靠捡垃圾为生。垃圾里充满了各种有毒的物品，所以这些人的健康严重受损。

《布满贫民窟的星球》所描绘的未来景象可以说是非常可怕的。有人觉得迈克·戴维斯有时候是不是在丑化中国，但我觉得他是一个有批判性但又有良心的学者，他掌握的数据未必很全面，但他提出了一个未来所有人都要关心的问题，也就是城市正义的问题。今天很多城市真的是在日渐贫民窟化，有那么多流动人口涌进去，而城市又没办法消化，该怎么办呢？是不是应该继续把人赶出去呢？把人赶出去的话，又会形成所谓"夹缝城市"。

为什么现在的都市化速度这么快，这么多人涌进来呢？迈克·戴维斯说，这个问题问错了，我们应该问为什么 20 世纪上半叶人们进城的速度比较慢。他以中国为例，说中国曾经有一段时间人为地使城市人口流动下乡，当这个管制一放松，自然大伙儿都要回城，农村人也跟着要进来了。

（主讲　梁文道）

迈克·戴维斯（Mike Davis，1946— ），美国社会评论家、城市理论家、历史学家、政治活动家，现为加州大学河滨分校创意写作系荣休教授、《新左派评论》编辑。著有《水晶之城：窥探洛杉矶的未来》《死城》等非虚构作品，另著有小说《神秘之岛》三部曲。

● 大城市逼迫国家放权的时代
——《城市的世界：对地点的比较分析和历史分析》

　　未来的世界是不是真的像萨斯基亚·萨森所说的，是一个城市逼迫国家让位的时代呢？

　　现在住在城市里的人比住在农村里的人多，所以城市学成为一门显学，人类学家、经济学家、地理学家、社会学家、政治学家一窝蜂地在研究城市。我们要看这么多学科的专业人士的见解、研究和报告，才能够对现在城市的样态有一个比较确切的把握。但问题是，一听到这个学那个学，我们的头就大了，对不对？

　　不怕，有这么一本书叫《城市的世界》，你可以把它看成是城市学或城市社会学的入门书，或者是教科书。虽然它是这样一本学术著作，但是，大学学历以上的人绝对有能力轻松地看完。这本书的作者是两位城市社会学家，一位是安东尼·奥罗姆，另一位是陈向明，他们都曾在美国伊利诺伊大学芝加哥分校教社会学。这本书在介绍现代西方关于城市各式各样的研究和理论的同时，还加入了一些中国的经验，很适合中国人阅读。

这本书非常精简地介绍了很多很好玩的学者，比如莎伦·佐金[①]。莎伦·佐金是在纽约市立大学任教的一位社会学家，她研究的个案是纽约城。大家知道过去主要的工业中心、商业中心都集中在城市的中心，但是20世纪五六十年代以后，越来越多先进的大城市出现市中心衰落的现象。如果你在欧美住过的话，会发现很多大城市的市中心当年非常破败，几乎快变成贫民窟了。这是因为工业在这些地方衰落了，制造业在这里非常不受欢迎。当时很多加工制造业都转移到了第三世界，比如"亚洲四小龙"，原来第一世界的大城市制造业中心就衰败了。

---

① 莎伦·佐金（Sharon Zukin），美国哥伦比亚大学政治学博士，现为纽约市立大学社会学教授。擅长现代都市生活研究，著有《城市文化》《裸城：原真性城市场所的生与死》《阁楼生活：城市变迁中的文化与资本》等作品，另与陈向明、菲利普·卡辛尼兹两位教授合编《全球城市地方商街——从纽约到上海的日常多样性》一书。

这些大城市衰败之后怎么样了呢？纽约出现一个很有趣的个案，就是SOHO。这里说的不是北京建外SOHO，而是纽约正版的SOHO。当时有很多艺术家看这些地方空间大又没人要，价格便宜，就租下来当画室，搞这个搞那个。后来有一帮精明的商人看到这帮艺术家把这个地方搞得很酷很帅，有点像北京的798艺术区，也想好好利用一下，于是就进来抢租，在这里开时装店、酒吧、餐厅、咖啡店等。慢慢地，这个地方的租金又高涨了，穷苦艺术家、大众又得搬到外面去了。

莎伦·佐金研究这个过程，得出了一个什么结论呢？她指出，现在大城市搞越来越多的文化建设，有的是像纽约SOHO这样自然生长出来的，有的则是政府强加上去的，比如各地城市出现越来越多的剧院、音乐厅、博物馆、图书馆，为的是要制造一种文化品位。这种文化品位是可以消费的，是可以卖。这是一种很特别的消费倾向，并不是我们越来越注重文化，也不是我们的商人懂得欣赏文化，而是大家觉得这些东西让城市看起来像是很有文化的地方。比如你去逛798艺术区的时候，你会觉得自己也很有品位。

我们再来看另一位女学者是怎么观察现代全球城市的

趋势。萨斯基亚·萨森[①]是位非常厉害的地理学家和社会学家，1991年出版了一本著作叫《全球城市》(*The Global City*)。她把全世界的城市分成地区性的城市、国家级的城市、次一级的全球城市和最高级的全球城市。

什么是全球城市呢？她说来说去就三个——东京、纽约和伦敦，正好是金融市场在三个时区的最大交汇点。是什么特征使这三个城市成为全球城市呢？第一，很多全球性的经济组织、跨国组织的总部设在那里。第二，很多跨国大企业、世界五百强企业的总部也设在那里。第三，它们都是金融交易市场。第四，随着这些企业和金融市场的存在，那里聚集了全世界最高端的法律、会计、保险等服务业。这三个城市可以说一手掌握了全世界的经济命脉，如果扔一颗炸弹下去把它们炸掉，几乎就像是世界末日了。

萨斯基亚·萨森通过研究指出一点：这种全球城市跟世界各地城市间的联系形成一个城市网，有趣的是，它们

[①] 萨斯基亚·萨森（Saskia Sassen，1949— ），美国社会学家，哈佛大学国际事务中心博士后，现为哥伦比亚大学社会学系教授。全球化与全球城市研究领域最知名、最活跃的专家之一，率先提出"全球城市"这一概念后获得广泛认可。著有《全球城市：纽约、伦敦、东京》《全球化及其不满》等作品。

之间的联系、交通的密切程度远远大于它们与本国其他地区的联系。我敢跟你打赌,如果你搭飞机从北京到东京,绝对比你从北京搭车到河北省南部任何一个地方要方便快捷得多。本来地理上接近的地方在这个时代反而变得远了起来,这是因为城市间的联系很重要。

这些全球城市彼此间的经济往来很重要,它们代表全球化的经济力量,因此就会迫使很多政府不断地放权,开放市场。很多国家为了让自己也有一个全球金融中心,也有这么一个能够掌握全世界经济的大城市,就不断地牺牲主权。这时候会出现一个很有趣的现象,就是国家的主权被这些城市不断地削弱,地方的权力越来越大。这是不是表明中央政府的权力在全球化的浪潮下正在不断地被削弱呢?未来的世界是不是真的像萨斯基亚·萨森所说的,是一个城市逼迫国家让位的时代呢?

(主讲 梁文道)

安东尼·奥罗姆（Anthony M. Orum, 1939—），美国社会学家。拥有芝加哥大学硕士和博士学位，曾任伊利诺伊大学芝加哥分校社会学系主任，现为该校荣休教授。著有《政治社会学导论》《美国城市建筑》等作品。

陈向明，生于北京，拥有美国杜克大学社会学硕士和博士学位。曾任伊利诺伊大学芝加哥分校社会学系教授，现任美国三一学院城市与全球研究中心主任。著有《国界的扭曲：环太平洋地区的跨国空间》等作品。

● 把社区的设计权还于民
——《社区建筑：人民如何创造自我的环境》

> 他们鼓励居民自己建房子，不需要靠地产商，每个人都能学到一些很简单的技术，用很简单的材料就能盖房子给自己住。这就是社区建筑运动的精髓所在。

现代君主立宪制国家一般有个传统，就是王室成员包括王储和国王，不能随便议论社会上或政治上的事情，免得被人说是在干政，最好尽量对什么事情都保持中立。但是，英国的查尔斯王子不一样，他很喜欢到处发表意见，还常常惹起社会争论。有时候你觉得他很可笑，有时候又很佩服他。

比如1984年的时候，他对着一帮最有名望的建筑师大发议论，还痛骂了几位建筑师。那些建筑师可都是现代建筑史上的巨匠，但查尔斯王子说他们盖的东西像棺材一样，冷冰冰的，毫无人性，没有老百姓会喜欢。结果惹起轩然大波，很多建筑师耻笑他说，别以为你是王储就懂艺术，你完全是个门外汉，根本不懂什么叫建筑艺术。但是，查尔斯王子这番话后来却被很多人认为是现代社区建筑与社区规划领域一个最重要的里程碑。

《社区建筑：人民如何创造自我的环境》这本书的封底，就有查尔斯王子的推荐语。作者尼克·华兹和查里斯·肯尼维提都长期关注着社区建筑与社区规划。社区规划起源于20世纪60年代末，直到80年代才真正变成一股风潮。这股风潮的起点是什么呢？当时有很多城市的中心破败了，房子旧了也坏了，政府向来的标准做法就是拆迁，把地卖给地产商还能赚钱。这也是今天我们在各地都能看到的一幕景象。

但是，当时英国有一帮居民提出完全不一样的思路。他们说："没错，我们现在住的地方不好，但是我们可以改善它。我们拒绝搬走，为什么呢？一是这个地方位于市中心，我们的孩子在附近上学，我也在附近工作，搬走以后我靠什么维生呢？二是我们这个地方已经形成社区网络，而这才是城市最重要的宝贵资源。"

在这种情况下，这些居民就团结起来，想自己搞好社区建筑。他们拒绝拆迁，寻找另一条出路。其中有个很经典的例子是，当年英国中部一个城市有条街叫布莱克街，本来政府想把它完全拆掉，但是居民请了当地一个建筑师来帮忙，看能不能好好维修一下这个地方。当地居民还成立了一个委员会，决议让这个建筑师来帮他们重新规划街区，并想办法游说政府同意保留这个地方。后来这变成了一股社会运动。

很有意思的是，这些居民找的建筑师都是住在当地的人，天天待在将要改造的街区里。他们不是像传统的规划师、建筑师一样坐在办公室里，像神一样从上往下看，思考居民怎么住才最舒服，而是走到民众间去参考居民的意见，结果盖出来的房子，每家每户的门大小都不一样，室内布局也不一样，完全是按照各家人的需要设计的。

而且，他们还发展出很多的社区规划游戏，比如拿出一些建筑物的模型让小孩在地上搬来搬去，亲身试验一下怎么去规划这个地方。更厉害的是，他们鼓励居民自己建房子，不需要靠地产商，每个人都能学到一些很简单的技术，用很简单的材料就能盖房子给自己住。这就是社区建筑运动的精髓所在。

也就是说，我们现在规划一个城市的住宅区，可以不需要依靠政府、专家或者地产商来帮我们安排好，人们可以自力更生，按照自己的需要去设计自己的家。在这个过程中，专业人士要放下身段，从过去的设计者变成促进者的角色，来教大家社区规划是怎么回事，在大家理解之后再把自己的意见告诉他，他会用专业理论帮助大家共同来完成社区规划。

今天的城市面临着很多问题，我们是不是也可以考虑一下这样的社区规划，把住宅的使用权和设计权交还到老百姓的手中呢？我念大学时去过新界一个朋友家，他那个家的形状很奇怪，是建在田地上的一所平房，非常不规则。朋友很喜欢指给我看，说这间房是他爸哪一年盖起来的，那间房是他爸哪一年弄起来的。我问他："你爸是盖房子的吗？"他说："不是啊，我爸是个农夫。"

我想起来了，以前的人真的有这种能力，都是自己盖房子。不知道从什么时候开始，我们与住宅之间的关系变成不是买就是租了，很少再想过要自己建房子。

（主讲　梁文道）

尼克·华兹（Nick Wates，1951— ），英国社区规划与设计专家。著有 The Community Planning Handbook: How People Can Shape Their Cities, Towns and Villages in Any Part of the World 等作品。

查里斯·肯尼维提（Charles Knevitt，1952—2016），英国记者、作家。1975年在《建筑设计》杂志一篇文章中首创"community architecture"（社区建筑）一词，1987年与尼克·华兹合作出版《社区建筑：人民如何创造自我的环境》一书。

● 居住环境可以读出一个人的心理状态

——《家屋,自我的一面镜子》

一个人的居住环境多多少少能够反映他的心理状态,他对住处有什么样的感情有时候能够说明他内在的一些问题。

很多年轻人特别是在念中学的小伙子们,喜欢在自己房间的墙上贴满明星偶像的海报、照片,或者各种各样古灵精怪的装饰品。很多妈妈看了很不爽,说你怎么把房间弄得那么脏那么乱。年轻人喜欢用这些东西来装饰自己的房间,其实是在向家人做某种独立宣言,比如通过一张海报或照片来告诉家人:"这就是我认可的价值。这就是我想成为的人。"一个人怎么样布置家居,怎么样选择房子,怎么样看待自己的住处,这在某种程度上是他的意识甚至是潜意识的一种反映。

《家屋，自我的一面镜子》的作者叫克蕾儿·马可斯，是加州大学伯克莱分校环境设计学院的教授。这可不是讲建筑学的书，也不是讲都市学的书，更不是讲室内设计的书，其实是一本心理学著作。克蕾儿·马可斯可以说是环境心理学领域最重要的开山教母之一。

这本书很好玩儿，来自克蕾儿·马可斯在20世纪70年代开始做的一项研究。当时她突然很想知道不同的人怎么样看自己住的房子。她有一个直觉是，一个人的居住环境多多少少能够反映他的心理状态，他对住处有什么样的感情有时候能够说明他内在的一些问题。于是她开始做一些访问调查，用了一些荣格心理学和格式塔心理学的方法。她跟受访者说："我现在想请你描述一下你住的房子，你觉得它是什么样子的，但你不用说，只管画出来。这不是绘画比赛，所以你不用担心画得好还是不好。"然后她提供纸和笔，并走开二十分钟，在受访者的家里到处看看，先对它有一个观察，再请受访者拿着画向她描述画了什么东西。

然后，克蕾儿·马可斯还会跟受访者玩一个角色扮演的游戏。比如，有受访者画了一张画，里面有个小池塘，旁边有个小房子。受访者说："我觉得这个小池塘很可爱、很宁静。我想表达的是，我现在对我的房子的感觉就像这样。我觉得我的家就像这个小池塘一样很宁静，很舒适。"在受访者描述完自己的画以后，克蕾儿·马可斯会问道："你有什么话想对你的房子说呢？然后反过来，假设你是这个房子，假设你是你的家，你又有什么想回答的呢？"这样对话来对话去，最后往往会发现很多令人意想不到的东西。

克蕾儿·马可斯访问过一个住在苏格兰北部的女人，名叫玛丽莲。玛丽莲住的房子很特别，是在小山坡上很孤立的一个房子。玛丽莲把这个房子画得很大，旁边还有一圈栅栏，黑黑暗暗的，有点像一个牢笼关住这个房子，但这个房子又弄得挺漂亮的。为什么玛丽莲会画出这样的画呢？克蕾儿·马可斯就邀请玛丽莲进入假想的角色扮演环节，结果那个对话很让人吃惊。那个房子居然对玛丽莲说："你非要换我的浴缸不可。你必须打点我的屋顶。我要一面可爱的小墙围绕着我。我要你把所有的钱都花在我身上。我不要你花钱去美国玩，我要你留在这里。我担心你去了美国以后，回来就会把我卖掉。"

为什么这个房子对玛丽莲说这样的话呢？我们感觉这个房子对主人的要求非常高，听起来有点像鬼故事一样很可怕，而玛丽莲对这个房子的爱恨情感也由此可见。玛丽莲很喜欢这个房子，但她觉得自己是这个房子的囚徒，被它关住了。克蕾儿·马可斯再挖掘下去后发现，玛丽莲小时候有过很不愉快的体验，她觉得小时候住的那个房子也是一个关住她的囚笼，此后她对自己住的地方一直都有这种感觉，觉得她被这个需索无度的房子困住了，所以一直想逃出去。那么，她该怎么办呢？当然就是要搬家了。但是，搬家以后怎么去重建自我呢？这就是克蕾儿·马可斯要研究的课题了。

作为一个环境心理学家，克蕾儿·马可斯当然也很关心一般家庭常会遇到的一个老问题，也就是几个家庭成员住在一起，一定会涉及空间怎么划分的问题，而这就牵涉到权力问题。比如，我们常常说厨房是属于妻子的，她的小孩或老公是不能乱碰它的，这时候我们有个感觉是她同时也是被困在家务中的，所以她才会把厨房当成她的领地。

反过来，家里要是有书房的话，往往是属于丈夫的。丈夫不上班的时候会怎么样呢？他会躲在书房里。丈夫上班的时候又会如何呢？克蕾儿·马可斯发现很多受访者很好玩儿，她们说丈夫一离开家之后，她们就赶快把那个书房或者工作室的门打开，家里养的一些狗和猫平时是不让进的，这时候就让它们随便进去。为什么呢？这些家庭主妇觉得这个本来被她们老公独霸的房间，这一刻好像才成为全家人共有的了。

我们怎么样对待自己的家，有一些细节行为是我们平时不太注意的，但是仔细分析之后会看出自己的很多问题。我见过一些朋友的家里好像有很多行李，一箱两箱的东西放在那儿，墙上什么画也没挂，也没有什么盆栽植物，让人觉得这好像是一个没有完成的家，主人随时预备要搬家似的。换句话说，这个人从头到尾没有认同过自己住的这个地方。这反映出他内心的一种不安，他跟自己居住的环境之间存在一种不想妥协、不能共存的关系，更深层次的是他不知道自己到底想要什么，他最后要往哪里去。

（主讲　梁文道）

克蕾儿·马可斯（Clare Cooper Marcus，大陆译为克莱尔·库珀·马库斯，1934—），生于伦敦，拥有英国和美国双重国籍。先后在美国内布拉斯加州大学林肯分校和加州大学伯克莱分校获得双硕士学位，现为加州大学伯克莱分校建筑系与景观建筑系荣休教授，疗愈景观与园艺治疗领域的先驱。与人合著有《人性场所——城市开放空间设计导则》等作品。

● 家居空间是个承载着物体和意识的容器
——《空间诗学》

　　家居空间不仅是一个房子、一个物理实体的东西，它还是人的想象力、情感还有意识的容器。家居空间不仅装着我们的身体和生活用品，还承载了人的意识，而且这种意识是非常根本的。

大部分人家里都有很多柜子，比如衣柜、书柜，很多都是有抽屉的。你仔细看看它们，然后再想象一下，要是家里没有任何能够关上门的柜子，没有任何抽屉，那会是什么样的情况呢？就是你完全没有隐私了，你的一切东西都被暴露出来了，就算你是独居，恐怕也很难忍受家里完全没有柜子的生活。柜子是什么呢？首先它是用来收藏物品的，但物品为什么要收藏起来呢？因为你觉得有些东西不适宜暴露，除了想保持干净不受尘染之外，还有一点就是想把它们藏起来。

好玩儿的是，一个柜子表面上看是家居空间的一部分，是个独立的物品，但它里面又藏着另一个世界。一个盒子本身就是一个物品，但它又用来装别的物品，当你打开它的那一霎，你好像进入了另一个世界。比如你打开一个珠宝盒，你觉得进入了一个繁华艳丽的世界，但你盖上它的时候，它就只是一个普通的盒子而已，只是家居空间中一个不起眼的部分。所以说，每一个有门可以关上的地方，都是进入另一个世界的入口。这个世界由于有柜子的存在，所以显得有秩序。如果家里没有柜子的话，就会秩序大乱。我们的家居世界是有秩序的，而它又能够通往很多不同的世界。

以上这番话是我从《空间诗学》（*The Poetics of Space*）这本书里看来的。对我来说，这是一本启蒙书籍。作者加斯东·巴什拉是法国一个怪才型的学者。他原来是搞科学哲学，研究物理学的，但是后来写了一些特别古怪、神秘的东西，比如这本《空间诗学》。他说他搞的是现象学，但是，传统现象学家又觉得他的东西完全不像现象学。

巴什拉看到的空间跟我们一般人看到的不一样。他看到的不只是一个物理的空间。他认为，家居空间不仅是一个房子、一个物理实体的东西，它还是人的想象力、情感还有意识的容器。家居空间不仅装着我们的身体和生活用品，还承载了人的意识，而且这种意识是非常根本的。

以前很多欧洲人或者中国人家里都有地下室，但是有人很怕进入地下室。如果按照现代心理学的角度来看，我们会说一个人完全不敢进入地下室，或者进入地下停车场会有一种恐惧感，这一定是他有一段不好的经历潜藏在意识深处，或者他看过什么恐怖电影。但是，巴什拉完全排斥这样一种心理分析方法。他认为，所谓你有什么童年阴影使得你对家里某个空间特别恐惧这种说法是站不住脚的。他的分析很简单，说地下室本身就是一个阴暗的空间，我们害怕它，不是因为里面曾经发生过什么可怕的事情，恰恰相反，是因为它的阴暗、非理性和未知让我们觉得可怕的事情总会在那里发生。

如果把楼房看成是一个垂直的空间，那么地下室就是一个阴暗的、非理性的地方，而往上走，到了阁楼，就是透明的、理性的地方。很多欧洲的房子到了阁楼那一层，能够很清楚地看到屋梁，看到整个房子的骨架，那里是一个完全透明的、非常理性的、非常接近天堂的地方。从地下室往上一直走到楼顶，这样一条垂直的路线不仅是人的一种物理上的运动而已，还是人的一种意识上不同空间的串联。巴什拉看一个空间的时候，还要看它在意识层面给了人什么东西，人对它的第一感觉是什么。他认为这是共通的。

  我觉得巴什拉对角落的分析也很好玩儿。一个人的家里总是有很多角落，假如你家是四方形的，那就有四个角落。角落好像是个不封闭的空间，但它又是两边封闭的，处于一种封闭与不封闭之间的半封闭状态。这个地方往往给人一种很舒适的感觉。有些人喜欢在角落放一把椅子，然后躲在里面坐。我们经常形容一个人喜欢躲在房角哭泣。为什么在房角呢？因为这个地方让你可以窝藏在那儿，但又不是完全封闭，你能在一个比较安全的角度和距离中去观察你住的这个房子。

  这好像完全是一种文学性的诗意的描述。没错，所以巴什拉称之为空间诗学。他用了很多文学作品来说明一个人对房子有着各种各样最基本的想象。当然，他也提出一些我觉得非常实在的观点。比如他说，我们不是住在房子里，相反，是房子住在我们的身体里。你小时候在里面长大的那个房子，在你身上留下了烙印，比如它会影响你怎么开门，怎么样上下楼梯。你小时候习惯了那样的空间，养成了某种动作，比如你家的门把手在那个高度，你到了别的地方会觉得门把手也在那个高度，很自然地就像过去那样去开门。也就是说，一个人小时候的房子会永远都跟着他走。

（主讲 梁文道）

加斯东·巴什拉(Gaston Bachelard,1884—1962),法国著名科学哲学家、文学评论家、诗人,被视为新认识论的奠基人。早年曾攻读自然科学,1927年获文学博士学位,曾任巴黎第四大学(索邦)哲学教授。著有《梦想的诗学》《火的精神分析》《科学精神的形成》《水与梦:论物质的想象》等作品。

谁偷走了我的记忆？

1925年，缺乏广告文案写作经验的美国人卡普尔斯，却写出了历史上最经典的广告词之一。当时美国有一所音乐院校要招生，希望学生们去它那儿学钢琴。卡普尔斯就帮它写了这样一则广告："我生在钢琴前时他们都嘲笑我，但当我开始弹奏时……"这么短短一句话就结束了。你想象一下那个情景，比如你在酒吧那样很宣闹的环境里，身边有一帮哥们儿，然后你突然跑到一个没有人弹的钢琴前，做操作样好像要弹琴，大伙都笑话你别闹了，谁知你开始弹了。这时候大伙儿是用什么样的表情看着你呢？他们是非常惊讶，还是非常惊喜呢？你可以尽情想象。

这句广告词非常经典，直到今天还不断被人模仿和套用，比如地毯公司会打广告说："我花500元买这块地毯时丈夫嘲笑我，但当它铺上之后……"卡普尔斯这句广告词妙在什么地方呢？妙在它有粘性，可以发粘在我们的大脑。你今天听我说完

● 吸引人眼球的秘诀

——《粘住：为什么我们记住了这些，忘掉了那些？》

有些东西富有黏性，就像传染病一样会蔓延出去，影响开来。

1925 年，缺乏广告文案写作经验的美国人卡普尔斯①，却写出了历史上最经典的广告词之一。当时美国有一所音乐院校要招生，希望学生们去它那儿学钢琴，卡普尔斯就帮它写了这样一则广告："我坐在钢琴前时他们都

---

① 约翰·卡普尔斯（John Caples，1900—1990），美国广告营销大师。1924 年毕业于美国海军学院，先后在两家公司当过工程师、文员，1925 年到一家邮购公司工作，此后成为美国最著名的广告撰稿人之一。著有《测试广告的方法——增加 19 倍销售的广告创意法》等书。

嘲笑我，但当我开始弹奏时……"这么短短一句话就结束了。你想象一下那个情景，比如你在酒吧那种很喧闹的环境里，身边有一帮哥们儿，然后你突然跑到一架没有人弹的钢琴前，装模作样好像要弹琴，大伙儿都笑话你别闹了，谁知你开始弹了，这时候大伙儿是用什么样的表情看着你呢？他们是非常惊讶，还是非常惊喜呢？你可以尽情想象。

这句广告词非常经典，直到今天还不断被人模仿和套用。比如地毯公司会打广告说："我花500元买这块地毯时丈夫嘲笑我，但当它铺上之后……"卡普尔斯这句广告词妙在什么地方呢？妙在它有黏性，可以吸引住我们的大脑。你今天听我说完这句广告词，恐怕也会记住它了。

《粘住：为什么我们记住了这些，忘掉了那些？》这本书的作者挺有意思，是奇普·希思和丹·希思兄弟俩。哥哥奇普·希思是斯坦福大学商学院组织行为学教授，弟弟丹·希思则是一个新媒体教育公司的创办人，同时也是杜克企业教育学院的咨询师。希思兄弟写这本书，是要研究为什么有一些概念、点子、话语、创意会让我们一听就记住了，就像在我们的脑子里粘住了一样。

坦白讲，"黏性"这个概念并不是希思兄弟首创的，而是另一个很有名的畅销书作家——马尔科姆·格拉德威尔[①]在《引爆点》一书中首先提出来的。《引爆点》这本书过去在中国也卖得很火,主要谈一些社会潮流的成因,如某个牌子的球鞋为什么很流行,纽约的犯罪率为什么直线下降等。格拉德威尔认为有些东西富有黏性,就像传染病一样会蔓延出去,影响开来。格拉德威尔用"黏性"这个词来研究为什么有些东西会流行,而希思兄弟研究的则是什么样的东西会有黏性。

《粘住》这本书里说,黏性是很重要的。为什么要使你的创意富有黏性呢?我们日常交流中的绝大部分内容是不要求富有黏性的,有些东西并不需要被记住,比如当我们告诉朋友自己的爱情关系出现问题时,我们并不想让它产生持久的影响力。可是,当一个经理人要向下属介绍一个重要的营销策略,当一个老师想把课程的主题尽量让学生记住,当一个专栏作家试图改变读者关于某个政策的观点,当一个宗教领袖试图让他的追随者分享精神领域的智慧,这时候他们说的话、提供的点子、写的文章就需要有黏性了。

[①] 马尔科姆·格拉德威尔(Malcolm Gladwell, 1963—),生于英国,加拿大作家。至今已出版《引爆点:如何引发流行》《眨眼之间:不假思索的决断力》《异类:不一样的成功启示录》等五本畅销书。

希思兄弟总结了提高黏性的方法，其实也就是很简单的六大原则。

第一个原则是要简约。假如你是一个辩护律师，在法庭上对着陪审团说了十几个不同的论点，用来论证被告是无罪的，那么等陪审团回到休息室商量的时候，我包管他们只记住了两三个论点。与其这样，你何不主打一两个论点，越简约越好呢？这样它们才会粘在这些陪审员的大脑里。

第二个原则是要让人意外，也就是你提供一个观点或者做一件事情的时候，要制造出某种戏剧效果。美国有一位很有名的电影编剧叫诺拉·艾芙隆[①]，曾经是个新闻记者，她一直记得第一次上新闻课时老师教的东西。

在第一堂新闻写作课上，老师给学生们提供了一条消息，然后让他们写一则导语。老师给的消息是："贝弗里山高中的校长肯尼思·L.彼得斯（Kenneth L. Peters）今天宣布，全校师生下周四将去萨克拉门托参加一个有关新教学法的研讨会。发言者有人类学家玛格丽特·米德（Margaret

---

① 诺拉·艾芙隆（Nora Ephron，1941—2012），美国记者、作家、编剧、导演、制片人。1958年毕业于贝弗里山高中，1962年获得韦尔斯利学院政治学学位后，曾在肯尼迪总统手下短暂当过白宫实习生，后在《纽约邮报》当过五年记者。参与的知名电影有《当哈利遇到莎莉》《西雅图夜未眠》《电子情书》等，并著有《心火》《我的脖子让我很不爽》等书。

Mead)、大学校长罗伯特·梅纳德·哈钦斯博士（Dr. Robert Maynard Hutchins）和加利福尼亚州州长埃德蒙·布朗（Edmund Brown）。"

未来的小记者们听完这个消息后，就在打字机上敲打新闻导语。大部分学生包括诺拉·艾芙隆在内，都是把刚才那一堆资讯浓缩为一句话，例如："州长布朗、玛格丽特·米德和罗伯特·梅纳德·哈钦斯将在萨克拉门托向贝弗里山高中全体师生发表演说……"老师把作业收上来后，发现大家写的话都差不多，就说他原来想的开头应该是"下周四学校不上课"。对呀，这个消息的重点在于下周四不用上课了，大家要去另一个地方听研讨会，但是学生们忽略了这一点。从一堆资讯中把隐藏的重点抓出来，抓住那个最重要、最吸引眼球又具有意外效果的东西，你的新闻报道就能产生黏性了。

提高黏性的另外四个原则，是要具体、可信、能打动人，最好用故事来表达。比如 1980 年，里根在跟争取连任的卡特总统进行电视辩论时，卡特讲了一大堆经济数据，本来里根也可以拿一大堆数据来反驳，但他却面对镜头问观众："你们比四年前过得更好吗？"这句话跟卡普尔斯的广告词一样，是一种有黏性的说法。

（主讲　梁文道）

奇普·希思（Chip Heath），美国斯坦福大学心理学博士，现任斯坦福商学院组织行为学教授。弟弟丹·希思（Dan Heath）曾任哈佛商学院研究员，现任美国杜克大学教授。除《粘住：为什么我们记住了这些，忘掉了那些?》之外，兄弟俩还合著有作品《瞬变：让改变轻松起来的9个方法》和《决断力：如何在生活与工作中做出更好的选择》。

⦿ 遗忘有时未必是坏事
——《谁偷走了我的记忆？》

遗忘有时候是必要的，否则的话，我们脑海里的记忆不经雕琢，见树不见林，是很容易出问题的。

有时候你好像忽然忘了一个东西放在哪儿，然后你找来找去，找着找着忽然又忘了自己要找什么，于是就问家里人："我刚才要找什么来着？"家人当然会回答说："我哪里晓得？"又或者有时候你跟朋友聊天，说道："你记不记得那天那个谁说了些什么来着？"朋友问你说的是谁，结果你回答："我也忘了是谁。"

为什么我们常常会出现这样一种很奇怪的失去记忆的现象呢？《谁偷走了我的记忆？》这本书，对这方面的问题有相当多的解答。原来英文版的书名叫作《我的眼镜丢哪儿了？》(*Where Did I Leave My Glasses?*)，浅显地描述了一种日常的失忆状况。作者玛莎·魏曼·里尔并不是科学家，而是一个科普作家。她访问了数十位与记忆研究领域相关的专家，查阅了他们的研究报告，然后写成这样一本书。

这本书谈到很多我们在日常生活中失去记忆的状况。举一个简单的例子——拿人名来说，坦白讲，这是我记忆方面的一个弱项。我不太容易记得住人名，尤其是我认识的人的名字。对于那些已过世的人的名字，或者我在书里读过的人名，我的记忆情况还好点儿。活生生的一个人站在我面前，跟我聊着天，而我却忘了他叫什么名字，有时候让我相当尴尬。

为什么我会这么容易忘记别人的名字呢？这本书给出的答案其实相当简单，我们也能想象得到。名字无法像灯罩、鞋子、农舍这些字眼一样容易引发联想，这就是问题的关键所在。因为人类记忆的运作方式主要靠联想，而人名这个东西很难让我们产生联想。比如你说到鞋子时会有很多联想，而名字不具有任何意义。

这种情况早在我们孩童时期就是如此了。那么，为什么我们年纪越大，好像对名字的记忆就越糟呢？这是不是所谓的老年退化现象呢？纽约威尔·康奈尔医学院记忆障碍项目主任诺曼·雷金（Norman Relkin）说，如果一个人记忆名字的能力基本退化了，再加上处理多重任务的能力也退化了，反应速度也变慢了，那么在一场所有事情都在同一时间进行的鸡尾酒会上，可以想到情况会有多糟。简而言之，一个人年纪大了记不住名字，有时候并不单纯因为记名字的能力衰退了。一般来说，你的脑子越是有多重任务，你的注意力又不集中，你的记忆力就会越糟。因为记忆力的一个前提就是注意，比如我们小时候读书非常专心，自然就记得比较好了。

我们要知道，当我们说自己忘记一些东西的时候，并不是指我们真的没有了那段记忆。目前神经科学家普遍认为，这个问题出在大脑额叶中有关记忆搜寻的区域。也就是说，我们真正失去的并不是这些记忆，而是把它们找出来的能力。记忆搜寻区域恰恰是人类大脑老化时最先开始萎缩的地方之一。所以说，并不是我们储存记忆的能力出了问题，而是我们搜寻记忆的功能随着年纪增长而受到影响。

一个人年纪大了，除了搜寻已有记忆的能力降低之外，吸收新资讯的能力也会减缓。人类记忆大概可以分三大步骤：第一步是获得资讯，认知它，消化它；第二步是储存它；第三步是搜寻它，把它提取出来。很多老人说他们的记忆力衰退了，其实并不是记忆力本身有所退化，而是他们认知、处理新资讯的时间变长了,需要更多时间去吸收这些新资讯。

　　为什么很多人会说自己小时候记性特别好,读过什么书都记得,现在就不行了?这是因为你吸收新知的能力退化了。那该怎么办呢?其实,这个办法说来也很无聊,只要你再专注一点就行了。比如你正在看一个报告,这时候你心里不要想别的东西,也不要做别的事情,要边看边问一些问题,这样就能训练自己渐渐集中注意力了。

　　我们千万不要以为遗忘完全是坏事。其实,遗忘有时候是必要的,否则的话,我们脑海里的记忆不经雕琢,见树不见林,是很容易出问题的。阿根廷作家博尔赫斯写过一篇很有名的短篇小说叫《博闻强记的富内斯》,说富内斯这个人什么都记得住,连天空云朵的变化也记得住,连空气潮湿的味道也记得住。有个真实的例子是,过去俄罗斯有一个人叫舍雷舍夫斯基,他的记性好到这种程度:你给他七十个数字,他一眼就记住了,十五年后再问他,他还记得住。他的记忆是一种像婴儿般的视觉记忆。然而他记性这么好,其实表明他的心智是个垃圾堆,因为他完全没有系统化、抽象化那一大堆资料细节的能力。人类年纪越大,这种系统化、抽象化的能力其实越好。所以说,有时候我们忘记一些过去的事情,是我们心智进步的一个代价。

  小时候，我常常遇到关于男人、女人的记性哪个比较好的争论，而现在，一个受过现代高等教育的知识分子会觉得这是个很没意思的讨论，因为它可能涉及性别歧视的问题。过去我们总有一套关于男人会怎么样、女人会怎么样的说法，而经过现代女性主义的洗礼之后，现在大家觉得这不能再随便谈了。然而，过去几年出现了一个新情况，越来越多的科学研究在重新检视过去我们相信的那套性别分歧的典型说法是不是真的有一些科学根据，而且已经有一些神经科学家做了很好玩儿的研究。

  英国剑桥大学发展精神病理学教授西蒙·拜伦-科恩选了一些一岁的小孩，观察他们更喜欢看脸孔的影片还是车子的影片。结果发现，男孩眼睛盯着车子的时间比较长，而女孩对脸孔比较有兴趣。当然，你可以反驳说这些孩子已经一岁了，已经受到后天教育的影响了，并不能由此说明男人天生就对机械很在行，女人天生就擅长人际交往。然后，这位教授又做了一个更惊人的实验：给刚出生一天的婴儿看两种东西，一种是人的脸孔，另一种是跟人有着同样大小、形状、语言、颜色、面孔的机器人，然后用录影的方式记录下婴儿的反应。结果发现，女孩还是多半看人的脸孔，而男孩的目光多半停留在机器人的身上。也就是说,这种男女差别很可能是天生的。

有统计数字表明,睾固酮浓度较低的孩子,在语言和社交技巧方面比较占优势,而这当然多半是女孩;睾固酮浓度较高的孩子,则在社交方面比较弱势,兴趣范围也很有限。这时我们就能理解为什么自闭症的小孩里面几乎有九成是男孩,而他们的记忆力又都非常好。我们夸赞有些自闭症的男孩记忆力特别好,但他们记住的是一种关于事实的记忆,而不是关于个人经验的记忆。这些孩子虽然在个人情感领域没有丰富的经验、体会和记忆,但是,当你给他们一堆数字或名字时,他们说不定能够记得相当好。

为什么男女会在记忆方面有这样一个差异呢?从演化论的观点来看,当石器时代的男性必须外出狩猎并将食物带回家时,他们对方向的良好记忆会比对地标的良好记忆更有用。当我想到地标的时候,我会想到超市对面的加油站、红绿灯后的第一个停止标志、购物广场东侧尽头的电影院,然而在广袤无边的史前草原或者丛林中,如此明显清晰的地标并不太多。直到现在,我们还会看到一男一女开车时发生争论,男的会说:"我想我们走在正确的方向上,我们正在往北走呢。"女的则会说:"我觉得我们其实是该转弯了,我们在十分钟前就经过那座教堂了。"这就是男女记忆方式的差别。

我们还要注意，某些资讯对你来说是正面的还是负面的，也会对你的记忆产生影响。这本书很好玩儿，谈到很多艺术工作者、文化人对负面评价通常拥有绝佳的记忆力。玛莎·魏曼·里尔有一次和一个戏剧评论家朋友走在纽约曼哈顿戏院区，正好有个知名演员大步迎面走来，这个朋友就诚心地向演员打了个招呼，但没有得到任何回应。因为这个朋友二十年前评论这个演员的一部戏时，用过一个负面的形容词，除此之外，都是赞扬其表现的话。可是，这个演员只记住那个负面的形容词，其他好话早就忘光了。我们常说文人多小气，就是因为文人特别在意人家对他的负面批评，哪怕你说过很多美言，他都会忘记。既然如此，你以后要批评某个人，干脆也别美言什么了。

像我这种常常住酒店的人，经常会想一个问题：我在一个酒店住两三天，要上下楼好几回，每次都记得房间号，但是只要我结账，离开那个酒店的第二天甚至当天晚上，我就忘记曾经住过哪间房。这是怎么回事呢？原来这是我们记忆树分支里的一种记忆，叫作"工作记忆"。我们会为了某种需要而暂时记住某种东西，比如人家告诉你一个电话号码，然后你马上按键拨打，这时候你还记得这个号码，但是一分钟甚至三十秒之后，这个短暂的工作记忆就消失了。

还有一种记忆叫作"内隐记忆"，也许是今天我们应该特别注意的。举一个最简单的例子,就是抄袭案。美国有个非常有名的历史学家叫古德温[①],就被人指控她那本厚厚的大书——《费兹杰罗家族与肯尼迪家族》里面有相当多的抄袭,后来她也承认了。但她在道歉之余解释说,这个问题是由草率轻忽造成的错误,在将近九百页的手稿中,她没有适当标注一些资料的出处,后来误以为笔记上的那些东西是她的原创,而不是从别的书上摘引过来的。

这种情况最常出现在什么地方呢?比如音乐剧的作曲人或者电影的编剧,他们常常在一起工作、聊天,有时候会记不清谁写了什么,而且往往互相取用彼此的创作。玛莎·魏曼·里尔也曾被读者指控说有一篇文章涉嫌抄袭,后来她发现果然如此,而她抄袭的竟是二十年前自己写的一篇文章。原来,她都忘记自己曾经写过这么一篇文章了。

(主讲 梁文道)

[①] 多莉丝·卡恩斯·古德温(Doris Kearns Goodwin,1943—),美国传记作家、历史学家、政治评论家。哈佛大学博士,曾任林登·约翰逊总统助理,并在哈佛大学执教十年。著有《林登·约翰逊与美国梦》《仁者无敌:林肯的政治天才》等多部美国总统传记,并以《非常年代:罗斯福夫妇在二战岁月中》一书获得1995年普利策历史奖。2002年,美国《旗帜周刊》揭露古德温1987年出版的《费兹杰罗家族与肯尼迪家族》一书涉嫌抄袭他人三本著作。古德温坦言自己在写作过程中不够严谨,后来她赔钱道歉,还辞去普利策奖委员会职务,并从公众视野中消失三年。

玛莎·魏曼·里尔（Martha Weinman Lear，1932— ），美国作家。曾担任《纽约时报杂志》编辑、专职作者，撰写过的文章涵盖社会及医学相关话题。著有畅销书《心音》(*Heartsounds*)和《儿童崇拜者》(*The Child Worshipers*)，并经常为一些全国性的杂志撰稿。

⦿ 失忆是记忆在除草

——《遗忘》

记忆就像植物一样，也需要除草，也需要除虫，然后慢慢地成长起来，最后长出花朵。

过去几年来，我们在全世界的各种书市上常常看到谈记忆的书，大家很习惯说记忆是一种责任。但是，我们谈记忆时常常忽略它的另一面，也就是失忆和遗忘。我们常常以为遗忘是一种不好的事情，是一种很负面的东西，但是我们很容易忽略一点，遗忘或者局部的失忆有时候是塑造记忆不可缺的一个要件。

马克·欧杰是法国一个非常有名的人类学家。他跟一般人类学家不一样，不是跑去第三世界调查一些少数民族的生活状况，而是像现在很流行的都市人类学家一样在研究现代都市文明,而且他强调自己不仅是研究都市的人类学家,还是一个当代人类学家。所谓当代人类学家,是指研究当代世界到底是怎么回事的人类学家。他以前出过好几本非常有名的著作,谈现代机场、火车、铁路这些特定空间的性质。而在《遗忘》(*Oblivion*)这本非常小的书里,主要谈了失忆和遗忘对于记忆的重要性,以及其在社会中扮演的角色。

这本书的前言有位学者举了一个例子来说明遗忘的重要性,我觉得非常恰当。阿根廷那位晚年失明的大作家博尔赫斯写过一篇很有名的短篇小说叫《博闻强记的富内斯》,他虚构的这个人物记性好到什么程度呢?任何东西,富内斯只要看一眼,就能把他看到的一切包括所有的细节、纹理、色彩都记下来。

例如,他记得1882年4月30日黎明时南面朝霞的形状,还拿它跟他记忆中类似的东西进行比较,比如有一本皮面精装书,他只看过一次就记住了封面上的纹理,觉得那些纹理跟这一天的云朵很像。他能够记住某一天从早到晚发生的所有事情,有时候还自己玩一个游戏,就是坐在那边回想某年某月某日他在干什么,结果就得花一整天时间来做这件事,因为那一天的每一分每一秒他都记得很清楚。光是回忆一天发生了什么事,这个动作本身就需要他用一天的时间来完成。

一个人的记性好成这个样子,是不是好事呢?当然不是。为什么呢?富内斯说,我的记忆就像一个垃圾袋一样,什么都记住,什么都装在里头。这会产生什么效果呢?就是你记住的任何东西都是没有意义的。平常我们会忘记一些事情,记住那些有意思的、重要的东西。如果你连一大堆杂七杂八的东西都记住的话,这样的记忆有什么用呢?

马克·欧杰谈失忆,并不是为了贬低记忆,也不是要告诉我们回忆是可以忽略的。恰恰相反,他认为我们首先要注意到失忆在我们的记忆中起到什么作用。首先,他从语言学的角度来讲,认为所谓失忆就是回忆的丧失。他说,记忆就像我们脑海中的一丝丝痕迹,这个痕迹总是指示着、影射着一些已经不存在的事物。也就是说,一些已经过去了的、不可能复现的东西在我们的脑海中留下了痕迹,就像是衣服弄皱后留下了褶痕、或者路上汽车的轮胎留下了轨迹一样。他说,我们回忆的并不是过去发生的事情,而是那些事情留在我们脑海中的一些印象。所谓失忆,就是这些留在我们脑海中的印象被我们失去了,被我们丢到一边去了。失忆是非常重要的,因为假如没有失忆,过去所有东西的痕迹都留下来了,我们脑海中所有的东西就变得不可分割了，也就无法分离出来。

马克·欧杰说，回忆过去和忘记过去，就像园丁的工作一样，二者共同帮助我们记忆的园丁去选取，去除草，去修理这个花园。记忆就像植物一样，也需要除草，也需要除虫，然后慢慢地成长起来，最后长出花朵。人类的记忆又像海岸线一样，失忆就像是浪潮不断地冲刷海岸、侵蚀沙滩，才形成这个海岸的轮廓和沙滩的形状。失忆起到的作用就是让我们忘记某些东西，而那些剩下来被记住的东西才是有意义的。

最后，马克·欧杰把这个话题与我们喜欢讲的记忆的责任联系起来。他说，对一些浩劫的受害者来讲，记住过去绝对不是他们的责任。相反，说不定他们还想忘记过去呢。因为只有如此，他们才能够活下来。要是一个灾难的幸存者总是活在过去的记忆中，他是很难好好地活下去的，他没办法信任现在这个世界。相反，恰恰是那些没有经历过浩劫的人，才有责任去记住过去。所谓记忆的责任和失忆的责任，就在这种情况下建立起一种非常巧妙的辩证关系。

（主讲　梁文道）

马克·欧杰（Marc Augé，1935— ），法国人类学家。曾任法国社会科学高等研究院院长，1992年与多位人类学者在该院成立当代世界人类学研究中心。著有《非地方：超现代性人类学导论》《巴黎地铁上的人类学家》《重返巴黎地铁》等作品。

● 宽恕不等于忘记

——《人以什么理由来记忆》

宽恕和忘记是不同的。认真对待过去的严重伤害，依靠的是什么呢？是宽恕，而不是遗忘，更不能强迫遗忘。

20世纪是人类历史上让人非常难过和失望的一百年。刚迈入20世纪的时候，大家都觉得这是一个人类进入新纪元的时代，科技进步了，文明发展了，世界应该是越来越和平才对，但后来却发生了前所未见的如此密集的国家暴力和大规模的战争与杀戮。到底我们应该怎么去看这些苦难呢？这些灾难是怎么酿成的？个人在其中又有什么样的责任呢？

《人以什么理由来记忆》这本书出版后获得很多好评，还得过很多好书奖。作者是目前在美国加州圣玛丽学院英文系教书的旅美华人学者徐贲。这其实是一本文集,很多文章过去都陆陆续续在不同媒体上发表过。这本书有一个很重要的部分介绍了汉娜·阿伦特①的思想。阿伦特近来在中国思想界、出版界特别受欢迎和重视,大家觉得这位思想家有很多作品非常适合中国人来参考和反省。阿伦特思想最近几年在国际上也有复苏的迹象,大家在重新发掘这位几十年前就去世的思想家留给我们的遗产。

徐贲这本书里有一个最重要的概念叫"平庸的邪恶",就是从阿伦特那里借来的。阿伦特写过一本书叫《艾希曼②在耶路撒冷》。艾希曼是纳粹德国的一个军官,当年就是他负责把犹太人移送到集中营的。由此可见,这个人绝

---

① 汉娜·阿伦特(Hannah Arendt,1906—1975),出生于德国汉诺威一个犹太人家庭,1928年在海德堡大学获得博士学位,1933年因希特勒上台而流亡海外,于1951年获得美国国籍。《极权主义的起源》《过去与未来之间》《论革命》为代表的一系列著作,使之成为20世纪令人瞩目的政治理论家。

② 阿道夫·艾希曼(Adolf Eichmann,1906—1962),生于德国索林根,因小时候肤色较深,被笑称为犹太人。1932年加入纳粹党,1941年至1945年任纳粹盖世太保犹太事务部主任,是执行"犹太人问题的最终解决方案"的主要负责者,被称为"死刑执行者"。二战后被美国俘虏,逃脱后辗转流亡到阿根廷,1960年被以色列情报部门摩萨德以秘密绑架的方式逮捕。1961年2月11日在耶路撒冷受审,同年12月被判处死刑,于1962年6月1日被施以绞刑。

对是纳粹德国屠杀犹太人这场浩劫里一个很关键的角色，他的罪应该是无比重的。后来他被以色列特工逮捕了，被带到耶路撒冷审判的时候，阿伦特以记者的身份去采访这件事，目击了整个审判过程。她提出一个说法在当时引起非常大的争议，但现在看来是意义非凡的。她说艾希曼虽然犯了弥天大罪，但是他的犯罪动机却是极为平常的服从命令和尽忠职守。艾希曼从来没有想过这样杀人对不对，他想的只是要做一个好军官，上级交代给他的任务要好好完成。除了一心向上爬之外，阿伦特在他身上看不到任何杀人动机，他只是不知道自己在做什么而已。

　　阿伦特这番话引起争论，大家觉得艾希曼干了那么邪恶的事情，让几百万犹太人送命，怎么能说他只是一个平常人呢？正因为大家都这么想，"平庸的邪恶"这个概念才特别值得我们注意。原来，一个人不需要有很邪恶的动机，也不需要非常嗜血，也不需要非常仇恨犹太人，却也能干出这么灭绝人性的事情。为什么呢？因为他是一个尽忠职守的好员工，很听老板的话，上级叫他做什么，他就做什么。在这种情况下，我们发现极权制度可怕的地方就在于，它把人异化为没有思想、没有判断力的作恶工具。极权制度麻痹了我们的思考能力，让我们觉得无须为自己的行为负责，无须考虑自己的动机，无须思考太多的事情，只需好好听话就行了。

20世纪60年代，美国社会心理学家米尔格拉姆[①]做过一个著名的"权威服从实验"。1961年，实验人员找来一帮被试者，告诉他们正在做一个"体罚对于学习行为的效用"的实验，要从他们当中抽一些人来当"老师"，另一些人当"学生"，当"老师"的会获得一张"答案卷"，当"学生"的则获得一张"题目卷"。但其实，实验人员耍了一个小诡计，所有来参加实验的被试者都会被挑中当"老师"。

这个实验是这样做的：当"老师"的这边有一个电击控制器，可以去电击隔壁房间的"学生"。"老师"在这边问问题，看"学生"的答案对不对，要是答错了，就按一下电钮惩罚"学生"。实验过程中，电压是可以不断上升的，最高可达450伏特。实验人员之前告诉过他们，电压达到那个程度时，隔壁的"学生"就有生命危险，而那个"学生"就是刚才跟你一起进来做实验的人。其实，在隔壁扮演"学生"的是实验人员。"老师"这边一按电钮，那边的"学生"就会尖叫，但其实他并没有被电，只是假装被

[①] 斯坦利·米尔格拉姆（Stanley Milgram，1933—1984），美国著名社会心理学家。哈佛大学社会心理学博士，先后在耶鲁大学、哈佛大学、纽约市立大学任教。1961年任耶鲁大学心理学助理教授时做了"权威服从实验"，后又进行了一系列以"服从"为主题的实验，并出版了《对权威的服从：一次逼近人性真相的心理学实验》一书。

电而已。"老师"电得越狠，电压越往上升，"学生"就假装叫得越惨。当"老师"把电压开到最高时，隔壁就会一阵沉默，让你觉得"学生"好像死了一样。

很多被试者一开始都说，哎呀，我想暂停这个实验，我觉得隔壁不对劲了，他在惨叫，甚至没声音了。但是，实验人员一再向他们保证说，没事，你们不用负任何责任，你们继续做。结果发现，很多被试的人电钮越按越狠，有的甚至听到隔壁在尖叫还笑了出来。

最后他们才被告知，整个实验就是一个"骗局"。这个实验真正想测试的是，一个人在这样一种环境下，会如何服从权威的命令去按电钮体罚别人。实验结果表明，你哪怕是一个非常正常的好人，在这种时候都会变成一个杀人恶魔，因为你完全服从权威的命令，自己没有任何思考了。

原来，人类有时候因为自己完全不用去思考，只是单纯地服从命令，做一个看起来很守职业伦理的人，就会犯下很严重的错误。那么，当这些错误造成一场浩劫之后，我们该怎么去应对呢？我们是不是该记住它们呢？记住它们是不是一种道德的要求呢？

这本书提到一个事件。1995年，德国出版了一本书叫《片段》。这是一本回忆录，是一个小孩在回忆纳粹德国屠杀犹太人的事情。你看的时候会以为这是作者本杰明·维克米斯基①的个人经验。这本书大受欢迎，非常轰动，但它后来被人揭发是虚构的，作者根本没经历过他笔下描述的那段日子。于是，大家就骂这个作者没有良心，没有道德，是一个混蛋。调查下去后发现，原来这个人也很可怜，小时候生母没办法养育他，就交给别人养，他从小就像一个皮球一样在不同的大人之间滚来滚去，生活很坎坷。他的记忆跟一个经历过纳粹时期的犹太人的记忆一样，也是断裂的，是一种碎片化的记忆，很不完整。他非常了解一个小孩在那种境况下的遭遇，所以才写得出这么一本虚构的回忆录。

可是，这是不是就能够为他洗去"虚构见证"的污名呢？恐怕不能。徐贲说，见证本身体现的就是真实，不一定是所有的事实和细节都确凿无疑，但一定是把真实的道

---

① 本杰明·维克米斯基（Binjamin Wilkomirski），1941年出生于瑞士，是竖笛演奏师和乐器制作者。1995年以犹太人大屠杀幸存者的身份出版《片段》一书，获得很多好评和奖项，并经常以见证人的身份参加节目和出席活动。1998年8月27日，瑞士记者丹尼·甘兹弗里德（Daniel Ganzfried）发表文章揭露维克米斯基伪造生平，说他并不是犹太人，也从未被关进波兰的纳粹集中营。此后，维克米斯基的身份遭到质疑，《片段》一书也遭封杀，但他一直矢口否认造假。1999年，瑞士历史学家米契勒（Stefan Maechler）展开独立调查，次年将调查结果以《维克米斯基事件：生平真实研究》一书公之于世。

义原则放在第一位。

见证不单是一种言语或文字，还是一个行动。比如，证人在法庭上宣誓要见证一个什么事件的时候，他的话语本身就是一种有道德意义的行动。因此，见证的叙述在形式特征之外，必须有实际叙述人和第一人称叙述者之间的真实一致。小说里第一人称的那个"我"，我们都知道跟作者本人是两回事，不能以为那就是作者的亲身经历。但是，如果你说你写的是一本见证式的回忆录，那个第一人称的"我"就必须跟你本人是统一的。

那么，当见证人有什么道德责任呢？徐贲说，"做见证"跟"是见证"是不一样的，比如一个人经历过一场浩劫和灾难之后，他是这个事件的见证人，当他要出来做见证，这时候见证就变成一种行动了。

从"是见证"到"做见证"，是一种主体意识、道德责任感和个人行动的质的转变。也就是说，如果你是一场灾难和浩劫的见证人，那你是被动的，你是被迫经历它的；但当你要出来为它做见证时，你就承担着一种道德责任。那么，要承担这种道德责任是很困难的。因为我们需要有愿意对受害者付出同情心的普遍公众和允许受害者说话的社会环境。如果一个社会很冷漠，大家不会同情任何一个事件的受害者，甚至不允许受害者把自己的经历自由地说出来，那么这种见证也就不可能发生了。

我们需要这种见证，但并不是说我们不能宽恕过去的施害者。比如像纳粹的受害者，他们是不是就不能宽恕德国人呢？不一定。但是，宽恕和忘记是不同的。认真对待过去的严重伤害，要依靠什么呢？是宽恕，而不是遗忘，更不能强迫遗忘。

当今世界，我们常常要遮盖过去。遮盖的意思是不忘记，但不再计较。就算我们要求一个人宽恕另一个人，那也不能忘记他过去所受的伤害，不能忘记伤害他的人的罪责，但是他可以说我不计较，我放下了。这就是所谓我知道真相了，我了解历史了，然后我才可以跟你和解。如果我们要求这个受害者不是去宽恕别人，而是要忘记过去受到的伤害，甚至强迫他去遗忘的话，这时候我们的罪恶就变得更深了，他受到的伤害也会更深。

在任何情况下，我们都应该把宽恕看成是一种人类学意义上的"礼物"。礼物所起的是维护人际交往关系的作用。送礼和接受礼物，都是在接受一种礼尚往来的义务和约束。我们送礼给别人是在表示好感，想维持彼此的关系。同样，如果我们把宽恕看成是一种礼物的话，当宽恕者主动送礼物给被宽恕者，这时候被宽恕者就要诚心接受这个礼物，并且和宽恕者一起来重建社会伦理。但前提是被宽恕者首先要承认自己干过什么事，然后再要求被宽恕。

问题是没有经历过浩劫的人，比如我们没有经历过纳粹大屠杀，我们只是旁观者而已，我们也有道德责任吗？有，不过要看你愿不愿意主动承担而已。你如果爱一个人，真心关怀他人的话，就不会忘记他所受到的痛苦。如果我们真的爱人类，有一种对人类的大爱，把人类视为一个整体来爱的话，那么我们就不可能对那些被纳粹屠杀的犹太人所受到的痛苦无动于衷。

如果我们和见证这些屠杀和浩劫的人没有建立这种认同关系，对他们漠不关心甚至抱有敌意的话，那么我们从一开始就会怀疑这种见证的真实性。除此之外，还有一种情况也很危险。那些对邪恶和苦难负有责任的人，也就是那些害人者，他们会用尽一切手段去扑杀见证人，想做到不留下一个活口，或者至少不要让活口开口。

（主讲　梁文道）

徐贲（1950— ），生于苏州，曾就读于复旦大学，后获美国马萨诸塞州大学文学博士，现任美国加州圣玛丽学院英文系教授。著有《通往尊严的公共生活》《统治与教育：从国民到公民》《知识分子和公共政治》等作品。

● 集体记忆的生与死

——《社会如何记忆》

> 集体记忆一个有趣的地方是,记忆本来属于个体机能,也就是个体才谈得上有记忆,而社会是没有大脑的,社会不是一个人,不是一个身体,不是一个生物,那它用什么去记忆呢?

最近几年,大家很流行谈社会的集体记忆。集体记忆一个有趣的地方是,记忆本来属于个体机能,也就是个体才谈得上有记忆,而社会是没有大脑的,社会不是一个人,不是一个身体,不是一个生物,那它用什么去记忆呢?这就涉及集体记忆是怎么样流传下来的问题。

《社会如何记忆》这本非常小的书,谈的就是社会用什么方法让记忆流传下来,或者它如何去塑造记忆,又或者它如何去创造记忆,然后再利用这些集体的记忆去达到某种特殊目的。

我们知道一个社会的成员一定会受到代际间记忆的阻隔,一代人的记忆不可挽回地锁闭在他们那一代人的身心里面。那么,这一代人的共同记忆要怎么样才能传下去呢?这本书做了很多的讨论,其中我觉得有趣的是作者引述了法国年鉴学派历史学大师马克·布洛克[①]的一个说法。

马克·布洛克说,古代欧洲的农村社会在创建报纸、小学和兵役之前,对在世的最年轻一代的教育都是由家里老一辈来做的。我们想想看,以前农村那种社会,父母可能整天在外面工作,或者在田里干活,但是小孩在家里待着,谁去教育他们呢?就是一些老爷爷、老奶奶,尤其是老奶奶。所以古希腊人把故事叫作"geroia",就是"老妇"的意思。古罗马哲学家西塞罗把这些故事称为老妇人的故事。

由此可见,欧洲人从古至今有一种看法,总觉得故事就是离不开老奶奶的形象,因为总是老奶奶在家里的火炉

---

① 马克·布洛克(Marc Bloch,又译马克·布洛赫,1886—1944),法国历史学家,年鉴学派创始人之一,出生于里昂一个犹太知识分子家庭,二战期间加入抵抗纳粹德国的武装组织,1944年6月16日被德军枪决。著有《法国农村史》《封建社会》《历史学家的技艺》《奇怪的战败:写在1940年的证词》等作品。

旁对着一群围绕着她的孙辈们讲故事，用这种方式把他们这一代的记忆延续下去。结果这种教育跳过了小孩的父母那一代，而那一代人本来是青壮年，是最有创造力、最富于变化的一代人，但是，在他们前后的两代人用讲故事的方法把记忆串起来，反而构成了社会上一股比较稳定的保守的力量，阻碍了创新的可能。这个说法很有意思，对不对？

那么，集体记忆延续下来有什么用呢？这本书提到，捷克历史上实行过两次有组织的对社会共同记忆的集体忘却，一次是在 1618 年以后，一次是在 1948 年以后。在极权统治下，可怕的不仅在于它侵犯人的尊严，还在于它带来一种恐惧，可能再也没有人能够真实地见证现在发生了什么事情。所以当时东欧那些知识分子都把自己当成见证者，要成为无情的记录者。他们不仅要用书写来拯救自己，还要活下来，至少是让自己的作品活下来，好为后代做见证。

的确，一个政权想要开辟一个新世界的时候，会极力想跟过去划清界限，或者要清洗大家关于过去的记忆，要不然就是重新创造一个记忆。很奇怪，保罗·康纳顿以法国大革命为例，他说法国大革命很有意思，当时法国人审判了国王路易十六，把他送上断头台，但这次杀国王和以前的杀法不一样。以前杀国王可能是为了谋财或篡位,把过去的国王杀掉之后,接下来那帮人还要继续当国王。

也就是说,过去虽然杀了国王,但是并没有杀死国王存在的那个体制,王朝的原则、王国的基本精神并没有被动摇。而法国大革命则不一样,它杀国王的意思是以后再也不要有国王,要建立共和制,要推翻整个王朝体制。这时候他们想创造一个崭新的世界,要把过去抹掉。

在法国大革命以前,不同阶级穿的衣服不一样,但大革命之后,初期规定大家都要穿制服,用一种新的服装、言语和生活方式来跟过去告别。可是,吊诡的地方在于你越是想创造新的东西,你好像越难以离开过去。因为,当你要求这个那个要新的,你首先就得研究一下过去是怎么回事,比如过去穿什么衣服、吃什么东西,要跟过去这些搞清楚关系之后才能告别它,然后再建立一种新的东西。于是,你在建立新东西的过程中,反而在某种程度上被过去像幽魂一样缠绕着。

在社会的集体记忆中,仪式是非常重要的。这种集体仪式,除了像法国大革命初期种种仪式化的行动之外,有时候还是一种官方仪式。重演过去就是一种仪式,而这种仪式不仅仅是为了记住过去。例如,每个国家的建国日总是需要被国民不断地记忆,而且你每重演它一次,会觉得每一年都是一个新的开始。每一个人经过这个仪式之后,都会觉得自己就像当年那些先辈们一样参与了这个国家的建立,感觉自己跟这个国家的关系特别紧密。

(主讲 梁文道)

保罗·康纳顿(Paul Connerton),英国社会人类学家,就职于剑桥大学社会人类学系。以记忆研究著称,著有 *How Modernity Forgets*(2009)、*The Spirit of Mourning: History, Memory and the Body*(2011)等作品。

图书在版编目（CIP）数据

开卷：如何阅读一本书 . I / 凤凰书品编 . —西安：世界图书出版西安有限公司，2022.11
ISBN 978-7-5192-9800-5

I. ①开… II. ①凤… III. ①书评—中国—现代—选集 IV. ① G236

中国版本图书馆 CIP 数据核字（2022）第 170294 号

开卷：如何阅读一本书 I
KAIJUAN: RUHE YUEDU YI BEN SHU I

编　　者	凤凰书品
总 策 划	贺鹏飞
策　　划	张　林　李　辉　刘文莉
责任编辑	王婧姝　郭　茹
出版发行	世界图书出版西安有限公司
地　　址	西安市锦业路都市之门 C 座
邮　　编	710065
电　　话	029-87233647（市场部）　029-87234767（总编室）
网　　址	http://www.wpcxa.com
邮　　箱	xast@wpcxa.com
经　　销	新华书店
印　　刷	三河市中晟雅豪印务有限公司
开　　本	787mm×1092mm　1/32
印　　张	7.625
字　　数	128 千字
版　　次	2022 年 11 月第 1 版
印　　次	2022 年 11 月第 1 次印刷
国际书号	ISBN 978-7-5192-9800-5
定　　价	49.80 元

版权所有　翻印必究
（如有印装错误，请与出版社联系）